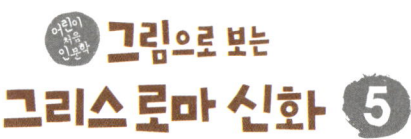

개정판 1쇄 발행 2022년 3월 10일
개정판 5쇄 발행 2024년 5월 5일

글 스카이엠 | 그림 일러스툰

발행인 오형식
편집장 이미현 | **편집** 정은혜 | **디자인** 이희승
발행처 (주)계림북스
신고번호 제2012-000204호 | **등록일자** 2000년 5월 22일
주소 서울시 마포구 창전로 74 여촌빌딩 3층
대표전화 (02)7079-900 | **팩스** (02)7079-956
도서문의 (02)7079-913
홈페이지 www.kyelimbook.com

ⓒ계림북스, 2022
이 책에 실린 글과 그림, 사진의 무단 전재나 복제를 금합니다.

ISBN 978-89-533-3450-2 74800 | 978-89-533-3445-8(세트)

어린이 처음 인문학
그림으로 보는
그리스 로마
신화
⑤

글 스카이엠 | 그림 일러스툰

계림북스
kyelimbooks

들어가는 말

세상과 함께 태어나 지금도 살아 숨 쉬는 이야기

여러분은 신을 믿나요? 사람의 힘으로 해결하지 못하는 문제가 생겼을 때, 우리는 신에게 매달립니다. 오랜 옛날부터 사람들은 신에게 의지하며 살아왔지요.

지금처럼 과학이 발달하지 않았던 시절, 세상은 두려움으로 가득했어요. 파도가 덮치고, 화산이 폭발하고, 번개가 내리치는 모습이 얼마나 무서웠을까요?

사람들은 지혜와 상상력으로 무시무시한 공포를 이겨 냈어요. 번개를 던지는 제우스, 파도를 일으키는 포세이돈, 인간을 위해 불을 훔친 프로메테우스를 상상하며 온갖 두려움을 떨쳤지요.

'그리스 로마 신화'는 전 세계적으로 널리 알려진 이야기예요. 철학, 역사, 예술 등 모든 학문의 뿌리이기에 세상을 이해하는 데

큰 도움이 되지요. 그래서 신화는 케케묵은 옛날이야기가 아니라, 살아 숨 쉬는 지금 이 순간의 이야기랍니다.

　인간을 꼭 닮은 신의 모습은 우리에게 많은 것을 가르쳐 줍니다. 서로의 마음을 이해하며 세상을 살아갈 특별한 힘을 주지요. 특히, 사람에 대해 고민하고 더 나은 삶으로 향하는 '인문학'을 배울 수 있어요. 고대 로마의 철학자 키케로는 "인문학은 삶을 풍요롭게 하고, 마음에 평화를 가져다준다."라고 말했어요.

　신화 속 매력 넘치는 개성 만점 신들을 만나면, 사람과 세상을 사랑하는 마음이 절로 생겨날 거예요. 지금부터 신들의 이야기 속으로 여행을 떠나 볼까요?

스카이엠

차례

트로이 전쟁의 시작

- **전쟁의 불씨가 되었어요** ················ 12
  - 불길한 예언으로 태어난 왕자
  - 가장 아름다운 여신에게 황금 사과를!
  - 파리스의 선택
  - 헬레네가 신랑감을 정했어요
  - 파리스가 한발 늦었어요

- **헬레네를 찾기 위해 뭉친 영웅들** ······· 22
  - 아가멤논이 대장이 되었어요
  - 오디세우스를 데려오시오!
  - 거짓말을 들킨 오디세우스
  - 전쟁터로 떠난 아킬레우스
  - 큰 아이아스 장군
  - 작은 아이아스 장군
  - 자신만만 디오메데스
  - 지혜로운 장군, 네스토르

신화 배움터 트로이를 찾아 떠난 고고학자 ······ 32

- **영웅들이여, 트로이를 지켜라!** ········ 34
  - 파리스가 트로이에 돌아왔어요
  - 전쟁을 준비했어요
  - 트로이의 기둥, 헥토르
  - 아이네이아스는 여신의 아들이에요
  - 데이포보스 왕자가 헬레네를 짝사랑했어요
  - 글라우코스는 영웅의 자손이에요
  - 제우스의 아들, 사르페돈도 함께했어요
  - 멤논은 의리 있는 사촌이에요
  - 전쟁터로 간 아마존의 여왕 펜테실레이아

- **가자, 아카이아 군대!** ················ 44
  - 아카이아 군대가 2년 만에 모였어요
  - 아르테미스 여신의 화를 풀어라
  - 전쟁이 시작되었어요
  - 스파르타! 강한 전사를 키워 냈어요

신화 놀이터 틀린 그림 찾기 ··············· 52

트로이 전쟁의 비극(일리아스)

- **끝나지 않는 전쟁** ……………………… 56
  - 전쟁이 10년 동안 이어졌어요
  - 내 딸을 돌려주시오, 제발!
  - 아킬레우스와 아가멤논이 싸웠어요
  - 테티스가 화났어요
  - 아킬레우스, 제발 돌아와 줘요

- **신들도 전쟁에 나서다** ……………… 62
  - 트로이 편인가, 그리스 편인가
  - 포세이돈이 그리스를 도왔어요
  - 헥토르가 다시 일어섰어요

- **영웅들, 전쟁터의 별이 되다** ……… 68
  - 마카온이 쓰러졌어요
  - 늙은 장군의 큰 지혜
  - 아킬레우스의 갑옷을 입고 전쟁터로!
  - 제우스의 아들 사르페돈이 죽었어요
  - 파트로클로스 VS 헥토르
  - 제우스가 분노를 터뜨렸어요

- **아킬레우스 VS 헥토르, 최후의 영웅은?** … 78
  - 아킬레우스에게 새 갑옷이 생겼어요
  - 무적의 용사, 아킬레우스
  - 헥토르가 아킬레우스를 기다렸어요
  - 트로이의 영웅이 쓰러졌어요

신화 배움터 예술 작품으로 보는 트로이 전쟁 …… 86

- **우리에게 영웅을 돌려주세요** ……………… 88
  - 트로이가 깊은 슬픔에 빠졌어요
  - 복수는 계속되었어요
  - 아버지의 이름으로 애원했어요
  - 마침내 헥토르가 돌아왔어요

신화 배움터 그리스 문명의 어머니, 에게 문명 … 96

신화 놀이터 숨은 그림 찾기 …………………… 98

무너지는 트로이
(오디세이아)

- **아킬레우스의 약점을 찾아라!** ······················ 102
  - 아마존 여왕이 용감히 싸웠어요
  - 아킬레우스의 발뒤꿈치
  - 갑옷의 새 주인은 누구인가?

신화 배움터 약점을 잡다, 아킬레스건 ············ 108

- **헤라클레스의 독화살을 찾아서** ····················· 110
  - 파리스를 물리칠 유일한 방법
  - 파리스가 독화살을 맞았어요

- **트로이의 목마** ··· 114
  - 오디세우스가 새 계획을 세웠어요
  - 라오콘이 벌을 받았어요
  - 트로이가 멸망했어요

- **긴 전쟁이 끝난 뒤** ··· 120
  - 부부가 10년 만에 다시 만났어요
  - 집으로 돌아온 아가멤논
  - 아들이 복수를 했어요
  - 아르테미스 여신상을 훔쳤어요

신화 배움터 컴퓨터를 망가뜨리는 트로이 목마 ·· 126

신화 놀이터 색칠하기 ································· 128

오디세우스의 모험
(오디세이아)

- **다시 험난한 항해가 시작되다** ······················ 132
  - 고향을 잊게 하는 열매
  - 거인이 사는 동굴에 갇혔어요
  - 호기심 때문에 되돌아온 배
  - 성질 사나운 야만족

- **마녀 키르케의 경고** ······································ 138
  - 세이렌의 노래를 듣지 마세요
  - 괴물 뱀과 소용돌이를 조심하세요
  - 히페리온의 가축을 먹으면 안 돼요

신화 배움터 훌륭한 스승, 멘토르 ················· 142

- 외로운 항해, 누군가의 도움이 필요해 ········ 144
  - 님프 칼립소의 따뜻한 배려
  - 공주가 특별한 꿈을 꾸었어요
  - 친절한 공주의 초대를 받았어요
- 20년 만에 돌아온 고향 ········ 148
  - 아무도 모르게 고향에 갔어요
  - 행복을 찾은 오디세우스

신화 배움터 오디세우스가 나오는 명화 ········ 152

신화 놀이터 미로 찾기 ········ 154

아이네이아스의 모험

- 새 나라를 찾아 떠난 항해 ········ 158
  - 트로이를 떠나, 새로운 곳으로
  - 괴물 새 하르피아이
  - 눈먼 거인, 폴리페모스를 만났어요
  - 디도 여왕과 사랑에 빠졌어요

- 신들과 함께 ········ 164
  - 포세이돈이 그들을 도와주었어요
  - 포세이돈이 희생물을 바치래요
  - 아폴론이 용기를 주었어요

신화 배움터 위험을 알리는 사이렌 소리 ········ 168

- 아버지를 찾아 지옥으로 간 아들 ········ 170
  - 무시무시한 지옥 여행
  - 지옥에서 만난 사람들
  - 엘리시온의 들판에서 아버지를 만났어요

- 새 나라를 세운 아이네이아스 ········ 176
  - 새로운 터전, 험난한 일들
  - 시련의 끝에서 로마가 탄생했어요

신화 배움터 트로이 후손이 세운 로마 제국 ········ 180

신화 놀이터 다른 그림 찾기 ········ 182

신화 놀이터 정답 ········ 184

〈부록〉 신화 캐릭터 카드

'세상에서 가장 아름다운 여신은 누구일까?'

이 질문 때문에 그리스와 트로이 사이에 큰 전쟁이 일어났어요.

그리스의 아카이아 군대와 트로이 군대는 어느 한쪽도 물러서지 않았어요.

두 나라의 밀고 밀리는 전쟁 속에서 수많은 군사가 목숨을 잃었지요.

작전과 지략이 넘치고 지혜와 용기가 맞서며,

영웅과 영웅이 서로 칼을 겨누는 숨 막히는 전쟁터로 가 볼까요?

트로이 전쟁의 시작

전쟁의 불씨가 되었어요

불길한 예언으로 태어난 왕자

트로이 왕국의 왕은 프리아모스이고, 왕비는 헤카베예요.
어느 날 왕비가 꿈에서 불타는 나무토막을 낳았어요. 그러자 그 나무토막이 트로이 전체를 불태우더니 순식간에 잿더미로 만들어 버렸어요.
왕비는 배 속에 아기를 품고 있던 터라 괜스레 불안한 마음이 들었어요.
왕비의 꿈을 들은 예언가는 그 아기가 트로이 왕국을 망하게 할 거라고 했어요. 왕과 왕비는 큰 충격을 받았어요. 그렇게 불길한 예언 속에서 태어난 왕자가 '파리스'예요.

트로이 전쟁의 시작

왕과 왕비는 깊은 고민에 빠졌어요.
"아기가 왕국을 망하게 한다니 어쩌면 좋아요."
왕과 왕비는 고민 끝에 아기를 깊은 산속에 버리기로 했어요.
지나가던 양치기들이 아기가 우는 소리에 깜짝 놀랐어요.
그들은 아기를 집으로 데리고 가 정성껏 키웠어요.
세월이 흘러, 파리스는 트로이에서 가장 잘생기고, 활을 잘 쏘는 청년으로
자랐어요. 자신이 왕자인 줄 모른 채, 양 떼를 돌보며 하루하루 살아갔지요.

가장 아름다운 여신에게 황금 사과를!

바다의 여신 테티스와 펠레우스의 결혼식 날이었어요. 초대를 받은 신들이 하나둘 결혼식장에 왔어요. 모두들 흥겨운 기분에 휩싸였지요. 그런데 불화의 여신 에리스만 초대를 받지 못했어요. 기분이 상한 에리스는 결혼식을 망치기로 했어요. 그래서 결혼식장 한가운데에다 황금 사과를 떨어뜨렸어요. 그 사과에는 '가장 아름다운 여신에게'라고 쓰여 있었어요. 결혼식장에 있던 여신들은 서로 그 사과가 자기 거라고 했어요. 그중에서도 헤라와 아프로디테, 아테나의 목소리가 가장 컸어요.

세 여신은 한참을 다투다 신들의 왕 제우스에게 가장 아름다운 여신이 누구인지 말해 달라고 했어요. 하지만 제우스는 여신들이 싸우는 데 끼고 싶지 않았어요. 문득 고개를 돌려 보니 트로이 들판에서 양 떼를 모는 파리스가 눈에 띄었어요. 제우스가 여신들에게 말했어요.
"트로이에서 가장 잘생긴 청년에게 가서 물어보자."
세 여신은 좋다고 했어요. 제우스와 여신들은 서둘러 파리스에게 갔어요.

파리스의 선택

파리스는 아름다운 님프 오이노네를 만나 아들 코리토스를 낳고 행복하게
살고 있었어요. 그러던 어느 날, 평온한 삶을 깨뜨리는 사건이 생겼어요.
먼 하늘에서 눈부신 빛이 내려왔어요. 헤라와 아프로디테,
아테나 여신이었어요. 파리스는 놀라 눈이 휘둥그레졌어요.
세 여신은 파리스에게 황금 사과의 주인을 가려 달라고 했어요.
파리스가 망설이자, 세 여신이 서로 선물을 주겠다고 나섰어요.
먼저 헤라가 말했어요.
"세상 모든 나라를 다스리는 왕으로 만들어 주겠다."

트로이 전쟁의 시작

그러자 아테나가 말했어요.
"세상에서 가장 똑똑한 남자가 되어 전쟁에서 모두 이기게 해 줄게."
이번에는 아프로디테가 나섰어요.
"세상에서 가장 아름다운 여자를 아내로 맞게 해 주겠다."
파리스는 고민 끝에 아프로디테에게 황금 사과를 주었어요.
화가 난 헤라와 아테나가 그에게 저주를 퍼부었어요.
"두고 봐라! 너와 네 아버지, 트로이 백성에게 벌을 내릴 테니!"

헬레네가 신랑감을 정했어요

파리스의 아내가 될 아름다운 여자는 누구일까요?

그리스 스파르타 왕국의 공주, 헬레네예요. 헬레네의 어머니 레다는 스파르타 왕국의 왕비였어요. 그는 백조로 변신한 제우스와 사랑에 빠져서 백조 알을 여럿 낳았어요. 그 알 중에서 헬레네가 태어난 거랍니다. 헬레네는 스파르타 왕국뿐 아니라, 그리스에서 가장 아름다운 여자로 자라났어요.

트로이 전쟁의 시작

그리스 여기저기에서 영웅들이 헬레네를 찾아왔어요. 저마다 용감한 모습을 뽐내거나 귀한 보물을 내놓으며, 공주에게 결혼을 청했지요.
하지만 헬레네는 신랑감을 고르지 못했어요. 뽑히지 못한 사람들이 적이 되어 전쟁을 일으킬까 봐 걱정됐거든요. 그때 오디세우스라는 영웅이 나섰어요.
"헬레네가 남편을 누구로 고르든 우리 모두 받아들입시다."
모든 영웅이 헬레네와 남편을 지켜 주겠다고 약속했어요. 그러자 헬레네가 미케네 왕국의 왕자 메넬라오스를 남편으로 골랐어요.

파리스가 한발 늦었어요

한편 파리스는 예언 능력을 지닌 여동생 카산드라 공주와 우연히 만났어요. 그녀는 첫눈에 그가 어릴 때 버려진 오빠라는 걸 알았지요.
소식을 들은 왕과 왕비는 불길한 예언은 싹 잊어버린 채 파리스를 왕자로 인정했어요.
왕자가 된 파리스는 헬레네를 아내로 맞기 위해 스파르타로 갔어요. 하지만 헬레네는 이미 결혼해 딸까지 낳은 뒤였지요. 아무것도 모르는 헬레네와 메넬라오스는 궁전에 온 트로이 왕국의 왕자, 파리스를 따뜻하게 맞이했어요.

파리스와 헬레네는 처음 본 순간, 서로 사랑에 빠졌어요. 하지만 파리스는 너무 늦었다는 생각에 괴로웠지요. 그때 아프로디테가 말했어요.
"파리스, 내가 지켜 줄 테니 헬레네와 떠나."
파리스는 그 말에 용기를 얻어 헬레네와 트로이로 달아났어요.
메넬라오스는 왕비가 손님과 함께 사라진 것을 알고 큰 충격을 받았어요.
"당장 트로이로 쳐들어가 헬레네를 찾아오겠다."

헬레네를 찾기 위해 뭉친 영웅들

아가멤논이 대장이 되었어요

미케네 왕국의 아가멤논 왕은 메넬라오스의 형이에요. 아가멤논은 동생에게 일어난 일을 듣고 깜짝 놀랐어요.

"트로이의 왕자가 감히 스파르타의 왕비를 데리고 도망치다니!"

아가멤논은 동생을 돕기 위해 서둘러 군사를 모았어요.

그리고 그리스 군대를 이끄는 가장 높은 대장이 되었어요.

오디세우스를 데려오시오!

메넬라오스는 이타카의 왕 오디세우스에게도 전쟁에 참여하라고 연락했어요. 하지만 좀처럼 답이 없었어요. 대신 그가 미쳤다는 소문만 들렸어요. 메넬라오스는 도무지 그 말을 믿을 수가 없었지요. 왕은 지혜롭고 영리한 팔라메데스에게 오디세우스를 찾아오라고 명령했어요. 팔라메데스는 몇몇 알파벳과 숫자는 물론, 저울까지 발명했다고 알려진 천재였어요. 그는 오디세우스를 찾기 위해 서둘러 길을 떠났어요.

거짓말을 들킨 오디세우스

이타카의 왕인 오디세우스는 아름다운 페넬로페와 결혼해 아들, 텔레마코스를 낳고 행복하게 살고 있었어요. 그러던 어느 날, 메넬라오스가 트로이와 전쟁을 할 거라는 소식을 들었어요. 그는 깊은 시름에 잠겼어요. 영웅들과 함께 헬레네를 지키겠다고 맹세했지만, 이제는 마음이 바뀌었거든요. 사랑하는 아내와 아들을 두고 전쟁터에 나가기 싫었어요. 그래서 그는 일부러 미친 척을 했어요.

트로이 전쟁의 시작

팔라메데스가 오디세우스를 찾아왔어요. 그런데 오디세우스가 쟁기에 당나귀와 소를 묶어 밭을 갈면서 씨앗 대신 소금을 뿌리는 거예요. 팔라메데스는 그가 정말 미쳤는지 시험해 보기로 했어요. 오디세우스의 아들 텔레마코스를 쟁기 앞에 내려놓았어요. 오디세우스가 제정신이라면 아들을 절대 다치게 하지 않을 테니까요. 역시 그 생각이 맞았어요. 오디세우스가 아들을 피해 쟁기를 옆으로 비켰어요. 그 바람에 오디세우스는 거짓말이 들통났고 전쟁에 참가하게 됐어요.

전쟁터로 떠난 아킬레우스

바다의 여신 테티스가 아들, 아킬레우스를 낳았어요.
테티스는 아들을 저승의 강 스틱스에 담갔어요. 그러면 영원히 죽지 않는 몸이 되니까요. 그런데 테티스가 잡은 발뒤꿈치만 젖지 않은 바람에, 그것은 그의 유일한 약점이 되었지요. 그 뒤, 아킬레우스는 용감하고 영리하게 잘 자랐어요.
오디세우스가 군대를 모으던 때였어요. 그는 아킬레우스 없이는 절대 트로이를 이길 수 없다는 예언을 들었어요. 하지만 테티스는 아들을 전쟁터에 보내고 싶지 않았어요. 아킬레우스가 전쟁터에서 죽을 운명이었거든요.

테티스는 아킬레우스를 이웃 나라의 궁전으로 보냈어요. 여자처럼 꾸미고 공주들 틈에 있으면 아무도 못 찾을 거라 생각했지요.

오디세우스는 아킬레우스를 찾기 위해 방물장수★로 변장했어요. 그리고 궁전으로 가서 장신구들을 펼쳐 놓았지요. 그 사이에 무기도 슬쩍 끼워 넣고요. 여자로 변장한 아킬레우스가 공주들과 함께 구경하러 왔어요. 공주들은 반짝이는 장신구에 푹 빠졌지요. 하지만 아킬레우스는 무기만 만지작거렸어요. 결국 정체를 들킨 아킬레우스는 전쟁터로 떠났답니다.

★방물장수 여자들이 쓰는 물건을 팔러 다니는 여자예요.

큰 아이아스 장군

그리스 군대에는 아이아스 장군이 둘 있었어요. 덩치가 큰 사람이 '큰 아이아스', 작은 사람이 '작은 아이아스'예요.
큰 아이아스는 헤라클레스만큼이나 힘이 셌어요. 그는 헤라클레스와 함께 황금 양가죽을 찾아 모험을 떠났던 텔라몬의 아들이에요. 그도 아버지를 닮아 무척 용감했지요. 그는 자신이 그리스에서 가장 힘이 세고 용감하다고 믿었어요. 대신 성질이 조금 급했어요.

작은 아이아스 장군

작은 아이아스는 몸집이 작은 대신 재빨랐어요. 달리기와 창던지기도 잘했지요. 작은 아이아스는 헬레네에게 청혼했던 사람 중 하나예요. 그래서 파리스가 헬레네를 트로이로 데려갔다는 소식을 듣고, 서둘러 군사를 모았어요. 다 함께 헬레네를 지키기로 맹세했으니까요.

자신만만 디오메데스

디오메데스는 아르고스를 다스리는 왕이에요. 그는 테베 전쟁을 승리로 이끄는 등 전쟁에 강한 영웅이었죠. 디오메데스에게는 수많은 군사와 배 80척이 있었어요. 그래서 트로이도 쉽게 이길 수 있다고 생각했어요. 위풍당당한 디오메데스는 전쟁의 신 아레스도 두렵지 않았답니다.

지혜로운 장군, 네스토르

네스토르는 그리스 장군 중 가장 나이가 많았어요. 60세가 넘은 노인이었지만 없어서는 안 될 중요한 사람이었어요. 누구나 고민이 생길 때마다 네스토르를 찾아가 물어볼 정도로 지혜로웠거든요. 네스토르가 입을 열면, 모두가 조용히 귀를 기울였어요. 그는 말솜씨가 아주 뛰어나 누구든 설득할 수 있었어요. 성격도 부드러워 좀처럼 싸우지 않았어요.

트로이를 찾아 떠난 고고학자

하인리히 슐리만(1822-1890)은 가난한 목사의 아들로 태어났어요. 그런데 중학교만 다니고도 혼자 공부해서 무려 15개 나라 말을 할 줄 알았어요. 그는 장사를 시작해 부지런히 일했고 큰 부자가 되었답니다. 그리고 고고학자★가 되어 남들은 그저 전설일 뿐이라고 생각한 트로이를 찾아 나서기도 했어요. 어렸을 때 아버지가 사 준 역사책을 읽고 '언젠가 꼭 트로이를 찾아낼 거야.' 하고 결심했거든요.

★고고학자 옛 인류의 생활이나 문화를 연구하는 사람이에요.

옛날부터 많은 작가와 역사학자들은 트로이에 대해 늘 궁금했어요. 하지만 실제로 트로이가 어디에 있는지는 아무도 몰랐지요. 슐리만은 호메로스가 쓴 〈일리아스〉와 〈오디세이아〉를 바탕으로 트로이를 찾아 떠났어요. 유적을 찾는 일은 쉽지 않았어요. 슐리만은 터키에서 20여 년 동안 유적을 찾아다녔어요. 그는 드디어 황금 관, 장신구, 은제품 등을 찾아냈어요. 슐리만은 그것을 트로이 유적이라고 생각했어요. 하지만 그것은 트로이 이전 고대 그리스 문명 유적이었다고 해요.

★〈일리아스〉와 〈오디세이아〉 기원전 8세기경 그리스의 작가 호메로스가 지었다고 전해지는 그리스 장편 서사시예요.

영웅들이여, 트로이를 지켜라!

파리스가 트로이에 돌아왔어요

파리스는 헬레네와 함께 고향인 트로이로 왔어요.
프리아모스 왕은 가슴이 철렁 내려앉았어요. 스파르타 왕비를 데려오다니, 곧 전쟁이 일어날 게 뻔했으니까요.
'예언가의 말대로 파리스가 트로이를 망하게 하면 어쩌지?'
하지만 왕은 파리스와 헬레네를 받아 주기로 결심했어요.

전쟁을 준비했어요

트로이는 무척이나 살기 좋은 나라였어요. 어질고 지혜로운 왕이 백성을 잘 보살폈으니까요. 이웃 나라들과도 사이가 좋았어요. 이토록 평화로운 트로이에 전쟁이 일어난다니, 끔찍한 일이었지요.
백성은 똘똘 뭉쳐 나라를 지키겠다고 했어요. 이웃 나라들도 두 팔 걷고 트로이를 돕기로 약속했지요. 트로이 군대는 서둘러 전쟁을 준비했어요.

트로이의 기둥, 헥토르

트로이의 왕자 파리스에게는 형이 있었어요. 바로 헥토르예요.
헥토르는 동생이 헬레네를 데려온 것이 못마땅했어요. 그래서 당장 헬레네를 돌려보내라고 했지만, 파리스는 형의 말을 듣지 않았지요.
어느 날, 트로이 왕이 그리스와의 전쟁을 결심했어요. 헥토르는 두말없이 왕인 아버지의 뜻을 따르기로 했어요. 그는 트로이 군대를 이끄는 대장이 되었어요.

헥토르는 용감한 장군이자 훌륭한 남편, 좋은 아버지였어요.
아내 안드로마케를 무척 아끼고 사랑했으며, 자식에게는 늘 다정하고 자상했지요. 안드로마케는 남편이 모든 것을 잊고 전쟁에 나갈 수 있도록 열심히 도와주었어요.
트로이 군대는 헥토르 덕분에 훨씬 강해졌어요. 헥토르는 점점 트로이에 꼭 있어야 할 중요한 사람이 되었어요.

아이네이아스는 여신의 아들이에요

아이네이아스도 전쟁터에 나갔어요. 아이네이아스는 인간과 여신 사이에서 태어났어요. 아버지는 트로이의 왕족인 안키세스이고, 어머니는 미의 여신 아프로디테예요.

아이네이아스는 용감하고 씩씩한 장군이었어요. 하지만 전쟁에 나가면 어려운 일이 늘 많았어요. 그럴 때면 어머니 아프로디테가 지켜 주었어요.

데이포보스 왕자가 헬레네를 짝사랑했어요

헥토르와 파리스의 동생인 데이포보스 왕자도 형들과 함께 전쟁에 나갔어요. 그는 비록 나이는 어렸지만 왕국을 사랑하는 마음만큼은 컸어요. 게다가 전쟁에서 반드시 이기겠다고 굳게 결심했지요.

데이포보스는 전쟁터에서 크게 다쳤지만 끝까지 싸웠어요. 사실 그에게는 트로이 왕국 말고도 지키고 싶은 것이 또 하나 있었어요. 바로 헬레네였어요. 그는 아름다운 헬레네를 남몰래 좋아하고 있었어요.

글라우코스는 영웅의 자손이에요

리키아 왕국의 왕자인 글라우코스는 벨레로폰의 손자예요. 벨레로폰은 하늘을 나는 말, 페가수스를 타고 무서운 괴물을 무찌른 영웅이었지요.

글라우코스는 이웃 나라 트로이 왕국이 위험에 처했다는 소식을 듣고, 당장 달려갔어요. 리키아의 군대를 이끌고서요. 글라우코스는 할아버지 벨레로폰처럼 두려움을 잊고 트로이 전쟁에서 용감하게 싸웠어요.

제우스의 아들, 사르페돈도 함께했어요

사르페돈도 벨레로폰의 손자예요. 어머니는 벨레로폰의 딸 라오다메이아이고, 아버지는 신들의 왕 제우스예요.
사르페돈은 사촌인 글라우코스가 트로이 전쟁에 참가한다는 소식을 듣고 가만히 있을 수가 없었어요. 그래서 군대를 이끌고 사촌을 따라 트로이로 갔어요.

멤논은 의리 있는 사촌이에요

멤논은 트로이에서 멀리 떨어진 에티오피아의 왕이에요. 아버지는 트로이 왕국의 왕자 티토노스이고, 어머니는 새벽의 여신 에오스예요. 멤논은 트로이 왕 프리아모스의 조카였어요. 그래서 삼촌과 사촌들을 돕기 위해 군대를 이끌고 트로이 전쟁에 나섰어요.
멤논은 전쟁에 지친 사촌들에게 재미난 이야기를 들려주며 용기와 힘을 북돋아 주었답니다.

전쟁터로 간 아마존의 여왕 펜테실레이아

아마존은 용맹한 여자 전사들이 사는 나라예요.

아마존을 다스리는 펜테실레이아 여왕 역시 훌륭한 전사였지요.

펜테실레이아는 트로이 전쟁 소식을 들었어요. 오래전 프리아모스 왕에게 도움을 받은 기억이 떠올랐어요. 그녀는 은혜를 갚을 기회가 왔다고 생각했지요.

"자, 가서 트로이를 돕자."

펜테실레이아는 용맹한 여자 전사들을 이끌고 트로이로 갔어요.

가자, 아카이아 군대!

아카이아 군대가 2년 만에 모였어요

그리스 군대가 모두 모이기까지 무려 2년이나 걸렸어요. 그리스 전 지역에서 수많은 영웅이 모여들었지요. 마침내 스파르타 군대를 비롯한 영웅들이 힘을 합쳐 연합군을 만들었지요. 그들이 바로 '아카이아 군대'예요. 드디어 아카이아 군대가 트로이로 떠나는 날이 왔어요. 그들은 아울리스 항구에 모두 모였지요. 그런데 자신만만했던 아카이아 군대에 문제가 생겼어요.

트로이 전쟁의 시작

갑자기 전염병이 퍼져 군사들이 하나둘 목숨을 잃은 거예요.
대장 아가멤논은 힘든 결정을 내렸어요. 아픈 군사들은 두고
트로이에 가기로 했지요. 하지만 그것도 쉽지 않았어요.
바람이 불어야 배가 움직일 수 있는데, 며칠을 기다려도 바다는 잠잠했어요.
아가멤논은 '혹시 신들이 길을 막는 걸까?' 하는 생각이 들었어요.
아가멤논은 예언자 칼카스를 찾아가 물어보기로 했어요.

아르테미스 여신의 화를 풀어라

"아르테미스 여신이 크게 화가 나셨군요."
칼카스가 점을 쳐서 그 까닭을 말해 주었어요.
아울리스 항구에는 아르테미스 여신의 사슴이 살고 있었어요.
그런데 아가멤논이 그 사실을 모른 채 사슴을 사냥한 거예요.
그래서 화가 난 아르테미스가 전염병을 퍼뜨리고, 바람을 멎게 한 것이지요.
칼카스는 여신의 화를 풀 방법은 하나밖에 없다고 했어요.
"당신의 큰딸 이피게네이아를 제단 위에 제물로 바치십시오."
아가멤논은 가슴이 찢어질 듯 아팠지만, 나라를 위해 딸을 바쳤어요.
그런데 그 순간, 이피게네이아가 사라지고 제단에 사슴이 누워 있었어요.
비로소 아르테미스가 용서를 해 준 거예요.
여신은 아카이아 군대가 트로이로 가는 것을 허락했어요. 그리고
이피게네이아를 자신의 신전을 지키는 여사제로 삼았답니다.

전쟁이 시작되었어요

아카이아 군대가 넓은 바다로 나가 트로이로 향했어요.

그러나 곧 사나운 폭풍우를 만났어요. 모두 힘을 모아 파도와 싸우며 항해를 계속했어요.

때때로 물과 먹을 것을 구하기 위해 낯선 섬에 배를 멈췄어요.

어느 섬에서는 사나운 짐승이나 뱀과 결투를 벌였어요.

또 다른 섬에서는 그곳 사람들과 싸우기도 했지요.

트로이 전쟁의 시작

마침내 아카이아 군대가 트로이에 도착했어요.
트로이 군대는 그들이 배에서 내리지 못하도록 공격을 준비했어요.
아카이아의 군사, 프로테실라오스가 가장 먼저 배에서 내렸어요.
이때, 트로이의 대장 헥토르가 그를 향해 화살을 쏘았어요.
이를 시작으로 두 군대 사이의 싸움이 벌어졌어요. 곧 아카이아 군대가 트로이 해안을 차지했어요.
트로이 군대는 성안으로 들어가 문을 꽁꽁 닫아 버렸지요.
드디어 트로이 전쟁이 시작된 거예요.

스파르타! 강한 전사를 키워 냈어요

스파르타는 그리스 도시 국가 중에서 가장 강한 나라예요. 그들은 강한 나라가 되기 위해 아이들을 엄격하게 교육시켰어요.
지금도 엄격하고 강하게 가르치는 것을 '스파르타식 교육'이라고 부르지요.
스파르타는 전쟁에서 꼭 이겨야 한다고 생각했어요. 그래서 강한 전사를 키우는 걸 중요하게 여겼지요.

트로이 전쟁의 시작

스파르타의 아이들은 일곱 살 때부터 군사와 똑같이 생활했어요.
달리기, 씨름, 창던지기, 칼싸움, 말타기, 수영을 쉬지 않고 배웠지요.
그리스의 여자들은 대부분 바느질이나 음식 만들기만 배웠어요. 하지만
스파르타에서는 여자도 남자와 똑같이 공부하며 훈련을 받았지요. 그래서
스파르타 여자들은 이웃 나라 여자들과 다르게 지위가 높았어요. 이러한
교육은 스파르타를 그리스에서 가장 강력한 도시 국가로 만들었어요.

전쟁은 '피로 쓴 교훈'이라는 말이 있어요. 서로 죽고 다치면서 피를 흘린 뒤에야 싸움이 어리석다는 교훈을 얻기 때문이지요. 이처럼 전쟁은 모두를 고통스럽게 해요. **호메로스는 트로이 전쟁의 비극을 〈일리아스〉라는 긴 시에 담았어요. 그리스의 아가멤논과 아킬레우스의 갈등부터 헥토르의 장례식까지를 자세히 기록했지요.** 신들까지 끼어들어 커질 대로 커진 트로이 전쟁, 과연 언제 끝이 날까요?

트로이 전쟁의 비극
(일리아스)

끝나지 않는 전쟁

전쟁이 10년 동안 이어졌어요

전쟁터에는 창과 화살이 마구 날아다녔어요.
군사들은 어느 한쪽도 물러서지 않고 팽팽하게 맞섰지요.
아카이아 군대는 트로이 성을 차지하려고 공격했어요. 하지만
트로이 군대는 문을 잠그고 죽을힘을 다해 성을 지켰어요.
그러자 아카이아 군대가 트로이의 주변 나라부터 쳐들어갔어요.
거기에서 식량을 빼앗고 사람들을 강제로 끌고 왔지요.
전쟁은 10년 동안 계속되었어요.

내 딸을 돌려주시오, 제발!

아카이아의 대장 아가멤논은 트로이 이웃 나라에 사는 크리세이스라는 아름다운 소녀를 잡아왔어요. 소녀의 아버지가 아가멤논에게 딸을 돌려 달라고 애원했지만 소용없었어요. 화가 난 아버지가 자신이 섬기는 아폴론 신에게 기도했어요.

"태양의 신 아폴론이시여, 아카이아 군대에 벌을 내려 주세요."

아폴론은 곧 아카이아 군대에 전염병을 퍼뜨렸어요.

아킬레우스와 아가멤논이 싸웠어요

전염병이 퍼져 군사들이 쓰러지자, 아카이아 군대는 어쩔 줄 몰랐어요.

장군들이 모여 아폴론의 화를 풀고 전염병을 막을 방법을 의논했어요.

아킬레우스가 아가멤논에게 말했어요.

"당신 때문에 군대가 위험해졌소. 당장 크리세이스를 놓아주시오."

아가멤논이 그 말에 불끈 화를 내며 말했어요.

"크리세이스를 풀어 줄 테니, 장군이 잡아온 여인을 나에게 주시오."
그러자 이번에는 아킬레우스가 화를 냈어요.
"마음대로 하시오! 난 내 군대를 데리고 그리스로 돌아가겠소."
다른 장군들이 깜짝 놀라 아킬레우스를 말렸어요. 그리스에서 가장 훌륭한 아킬레우스 장군이 빠지면 전쟁에서 질지도 모르니까요.

테티스가 화났어요

아킬레우스의 어머니이자 바다의 여신 테티스는 무척 속이 상했어요. 아가멤논이 감히 자신의 아들을 깔보고 함부로 대했거든요. 그래서 아킬레우스가 얼마나 뛰어난 장군인지 아가멤논에게 똑똑히 가르쳐 주어야겠다고 생각했어요. 테티스가 제우스에게 말했어요.
"제우스 님, 트로이 군대가 승리할 수 있도록 해 주세요."
제우스는 그 말을 들어주기로 했어요.

트로이 전쟁의 비극(일리아스)

아킬레우스, 제발 돌아와 줘요

아킬레우스가 전쟁에서 빠졌다는 소문이 널리 퍼졌어요.
그 소문에 용기를 얻은 트로이 군대가 더욱 힘차게 싸웠어요. 점차 아카이아 군대는 힘을 잃고 밀리다가, 결국 배 안으로 도망치고 말았어요.
아가멤논은 황급히 장군들과 회의를 했어요. 장군들은 아킬레우스를 찾아가 돌아오라고 부탁했어요.
하지만 아킬레우스는 끝까지 전쟁에 나가지 않겠다고 했어요.

트로이 편인가, 그리스 편인가

올림포스의 열두 신을 비롯해 많은 신이
트로이 전쟁에 관심이 있었어요. 그 길고 긴 전쟁의
시작은 헤라와 아테나, 아프로디테부터였으니까요.
신들은 각각 그리스 군대와 트로이 군대 편에서
응원도 하고 직접 도움을 주기도 했어요.
과연 어떤 신이 누구 편을 들었을까요?

트로이 전쟁의 비극(일리아스)

헤라와 아테나는 그리스 편이었어요. 트로이의 왕자 파리스가 황금 사과를 자신들에게 주지 않았으니까요. 황금 사과를 받은 아프로디테는 당연히 트로이 편이었고요. 아프로디테는 자신을 좋아하는 전쟁의 신 아레스까지 트로이 편으로 끌어들였어요.
바다의 신 포세이돈은 그리스 편이었어요. 트로이의 옛날 왕 라오메돈과 사이가 나빴기 때문이지요. 한편, 아폴론은 헥토르를 무척 아끼는 데다, 옛날 애인 카산드라가 트로이의 공주라서 트로이 편을 들었어요.
하지만 제우스는 어느 편도 들지 않았어요.

포세이돈이 그리스를 도왔어요

승리는 트로이 군대 쪽으로 기운 것 같았어요. 트로이 군대는
아카이아 군대가 숨어 있는 배에 불을 지르려 했어요.
그러자 바다의 신 포세이돈이 나섰어요. 포세이돈은 예언자 칼카스로
변신해, 아카이아 군대가 이길 거라고 큰 소리로 예언했어요.
그 말을 들은 아카이아 군사들의 귀가 번쩍 뜨였어요.
그리고 마지막 힘을 내 다시 트로이와 싸웠어요.

트로이 전쟁의 비극(일리아스)

큰 아이아스 장군은 이긴다는 예언에 힘을 얻고 트로이의
헥토르 장군과 맞섰어요. 헥토르가 먼저 날카로운 창을 던졌어요.
큰 아이아스는 정확히 날아든 창을 방패로 막아 냈어요.
이번에는 큰 아이아스가 헥토르를 향해 돌을 던졌어요.
헥토르는 미처 피하지 못하고 돌을 맞고 쓰러졌어요.
아카이아 군대는 예언대로 되는 것만 같아 자신감이 솟아났어요.
당장이라도 트로이를 무너뜨릴 수 있을 것 같았지요.

헥토르가 다시 일어섰어요

그때 제우스는 헤라와 함께 시간을 보내느라, 전쟁에 대해서는 깜빡 잊고 있었어요. 포세이돈이 그리스 편을 들고 있다는 것은 꿈에도 몰랐지요. 그건 바로 헤라의 속셈 때문이었어요.

헤라는 아카이아 군대가 꼭 이기기를 바랐어요. 그래서 제우스가 전쟁에 신경 쓰지 못하도록 한껏 꾸미고 제우스 곁에 꼭 붙어 있었지요. 제우스는 헤라의 아름다움에 푹 빠져 헥토르가 쓰러진 줄도 몰랐어요.

트로이 전쟁의 비극(일리아스)

제우스는 헥토르의 숨이 거의 끊어지려고 할 때 전쟁터에 눈을 돌렸어요.
그제야 포세이돈이 허락도 없이 전쟁에 참견했다는 사실을 알아차렸어요.
제우스는 서둘러 무지개 여신 이리스와 아폴론을 불렀어요.
이리스에게는 포세이돈을 찾아 전쟁터를 떠나라고 할 것을 명령했어요.
아폴론에게는 부상 당한 헥토르를 치료하라고 했지요.
치료를 받은 헥토르는 전쟁터로 돌아갔고, 포세이돈도 물러났어요.

영웅들, 전쟁터의 별이 되다

마카온이 쓰러졌어요

트로이 군대는 헥토르가 돌아오자 다시 활기를 되찾았어요. 용기가 난 파리스가 화살로 마카온을 쓰러뜨렸지요. 마카온은 의술의 신 아스클레피오스의 아들이에요. 아버지처럼 의술에 뛰어나, 아카이아 군대에 꼭 필요한 사람이었지요. 한편 아킬레우스는 전쟁에 참여하지는 않았지만 그리스가 트로이에 밀리는 게 신경 쓰이던 참이었어요. 그러다 마카온이 쓰러졌다는 소식을 듣자 친구인 파트로클로스 장군을 불렀어요.
"친구, 전쟁터의 상황을 자세히 알아봐 주게."

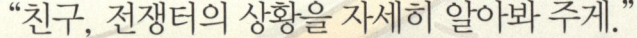

트로이 전쟁의 비극(일리아스)

늙은 장군의 큰 지혜

파트로클로스가 늙은 장군 네스토르를 찾아갔어요. 그가 마카온을 돌보고 있었거든요. 네스토르는 60세가 넘었지만 여전히 훌륭하고 현명한 장군이었어요.

"아카이아 장군들이 모두 부상을 입었네. 아킬레우스가 돌아오지 않으면, 이대로 전부 죽고 말걸세. 그래도 그가 오지 않겠다고 하면, 자네가 그의 갑옷을 입고 전쟁터로 가게. 트로이 군대는 아킬레우스의 갑옷만 봐도 겁이 나서 도망갈 거야."

파트로클로스는 지혜로운 네스토르의 말에 크게 감동했어요.

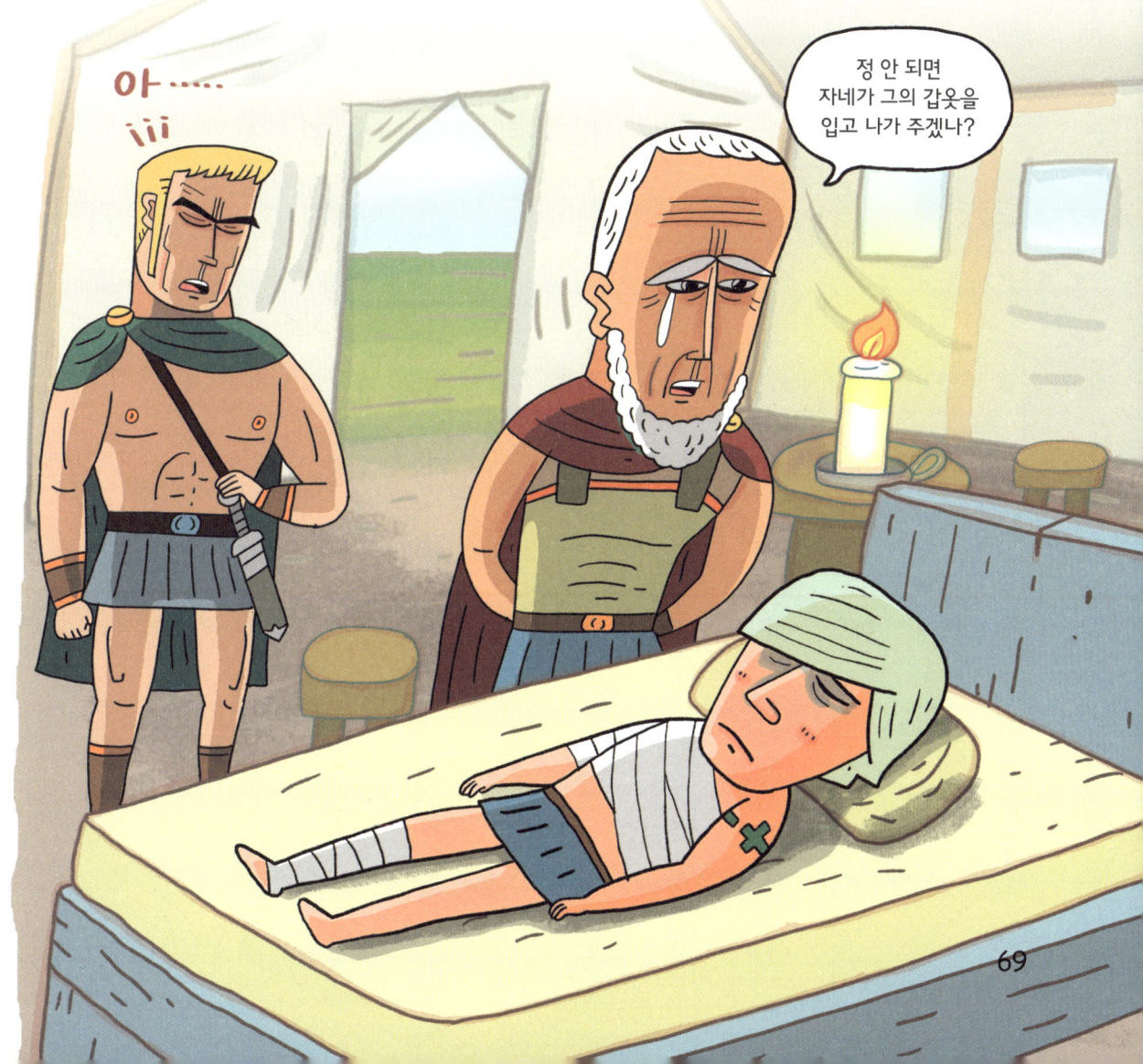

아킬레우스의 갑옷을 입고 전쟁터로!

트로이 군대가 아카이아 군대의 배로 쳐들어갔어요. 아카이아 군대는 마지막 남은 배마저 빼앗길 위기에 처했지요.
그러자 파트로클로스가 큰 결심을 했어요. 아킬레우스에게 갑옷과 군사들을 빌려 달라고 부탁했지요. 아킬레우스가 자신의 갑옷을 주며 말했어요.
"파트로클로스, 나의 친구여! 항상 몸조심하게."

트로이 전쟁의 비극(일리아스)

파트로클로스는 아킬레우스의 갑옷을 입고 전쟁터로 뛰어들었어요.
그 모습을 본 아카이아 군대가 환호성을 질렀어요. 반대로 트로이 군대는
아킬레우스의 갑옷을 보고 아킬레우스가 다시 전쟁에 참여한 줄 알고
공포에 떨었어요. 트로이 군사들은 허둥지둥 도망치기 시작했고,
헥토르도 말리지 못했어요.
파트로클로스는 도망치는 트로이 군사를 뒤쫓았어요.
어느 누구도 그의 칼에 맞서지 못했어요.

제우스의 아들 사르페돈이 죽었어요

트로이 군대는 아카이아 군대에 밀리기 시작했어요. 그러자 트로이 장군 사르페돈이 나섰어요. 그는 제우스의 아들이에요. 하늘에서 지켜보던 제우스가 아들을 도와주려는 순간, 헤라가 말렸어요.

"자식이 위험할 때마다 모든 신이 참견하는 건 공평하지 않아요."

제우스는 헤라의 말대로 아들을 그냥 지켜보기로 했어요.

사르페돈이 파트로클로스에게 힘껏 창을 던졌지만, 맞히지 못했어요.
오히려 파트로클로스가 던진 창이 사르페돈의 가슴에 맞았지요.
사르페돈은 죽어 가면서 자신을 적의 손에 넘기지 말아 달라고
부탁했어요. 하지만 아카이아 군대가 사르페돈의 시체를 차지했어요.
제우스는 그대로 둘 수가 없었어요. 아폴론에게 부탁해 아들의
몸을 구했지요. 그 뒤, 죽음의 신 타나토스와 잠의 신 힙노스가 나서서
사르페돈을 고향인 리키아로 보내 주었답니다.

파트로클로스 VS 헥토르

제우스의 아들까지 무찌른 파트로클로스는 두려울 것이 없었어요. 그런 파토르클로스 앞에 트로이 장군 헥토르가 나타났어요. 파트로클로스는 헥토르를 향해 커다란 돌을 던졌어요. 돌은 빗나갔고, 헥토르가 전차에서 뛰어내렸어요. 파트로클로스도 전차에서 뛰어내렸어요. 드디어 두 영웅이 만난 거예요.

트로이 전쟁의 비극(일리아스)

두 사람은 싸우고 또 싸웠어요. 하지만 좀처럼 승부가 나지 않았지요. 그러는 사이 파트로클로스가 트로이 군대 쪽으로 너무 깊이 들어가고 말았어요. 이때, 아폴론이 그의 투구와 창을 내리쳐서 떨어뜨렸어요. 동시에 트로이 군사가 그의 등에 상처를 입혔지요. 헥토르는 그 기회를 놓치지 않고 창을 휘둘렀어요. 파트로클로스는 힘없이 쓰러지고 말았어요.
그는 죽어가면서 말했어요.
"헥토르, 너는 아킬레우스의 손에 죽게 될 것이다."

제우스가 분노를 터뜨렸어요

헥토르는 파트로클로스가 입고 있던 아킬레우스의 갑옷을 빼앗았어요.
그리고 그 갑옷을 입고서 전쟁터를 누비고 다녔지요.
제우스는 아폴론이 전쟁에 끼어든 사실을 알고 무척 화가 났어요.
신들이 끼어들어 어느 한쪽이 이기는 것을 원하지 않았거든요.
화가 난 제우스가 검은 구름을 일으켜 온 하늘을 덮어 버렸어요.
번갯불이 번쩍이자, 우당탕 천둥 소리가 천지를 뒤흔들었어요.
큰 아이아스는 아킬레우스에게 파트로클로스의 죽음을 알리려고 했어요.
하지만 너무 깜깜해서 걸어갈 수가 없었어요. 큰 아이아스는 마음을 다해
제우스에게 기도했어요.
"부디 동료의 죽음을 알릴 수 있게 해 주십시오."
제우스가 그 기도에 감동하여 검은 구름과 벼락을 거두었어요.
다시 세상이 환해지자, 아카이아 군대는 죽은 파트로클로스를
배에 싣고 떠날 준비를 했어요.

아킬레우스 VS 헥토르, 최후의 영웅은?

아킬레우스에게 새 갑옷이 생겼어요

아킬레우스는 친구가 죽었다는 소식에 큰 슬픔에 빠졌어요. 전쟁터로 돌아가지 않고 갑옷만 빌려 준 게 너무나 후회됐지요. 그는 당장 달려 나가 헥토르에게 복수하고 싶었어요. 그러자 어머니인 테티스 여신이 아들을 말렸어요.

"갑옷도 없이 전쟁터에 나간다고? 내일까지 기다리렴. 대장장이의 신 헤파이스토스에게 부탁해 더 훌륭한 갑옷을 만들어 주마."

트로이 전쟁의 비극(일리아스)

헤파이스토스는 어떤 칼과 창으로도 뚫을 수 없는 튼튼한 갑옷을 만들었어요. 방패에는 꼼꼼하게 무늬를 새기고, 투구는 황금으로 장식했어요. 이 모든 것이 단 하룻밤 만에 완성되었어요.
테티스는 갑옷을 가지고 하늘 아래 세상으로 내려왔어요. 그리고 새벽녘에 아킬레우스가 머문 곳에 갑옷을 가져다 두었어요. 근사한 갑옷을 본 아킬레우스는 친구가 죽은 뒤 처음으로 빙그레 미소를 지었어요.

무적의 용사, 아킬레우스

아킬레우스는 아카이아 장군들을 모두 불렀어요. 그는 장군들 앞에서 아가멤논과 화해하고, 다시 전쟁터로 가겠다고 했어요.
새 갑옷을 입은 아킬레우스는 전쟁터를 누비며 힘차게 싸웠어요.
트로이 군대의 용맹한 장군들도 그를 막지 못했어요. 트로이 군사들은 공포에 떨며 달아나기 바빴어요. 미처 도망치지 못한 자들은 그의 창에 맞고 쓰러졌어요.

이때, 트로이 장군 아이네이아스가 나섰어요. 그가 아킬레우스에게 창을 던졌어요. 그러나 헤파이스토스가 만든 방패를 뚫을 수는 없었지요. 이번에는 아킬레우스가 창을 던졌어요. 창은 아이네이아스의 방패를 꿰뚫었어요. 다행히 다치지는 않았지만, 더는 싸울 자신이 없었어요. 그러자 포세이돈이 아이네이아스를 번쩍 들어 올려 구해 주었어요. 아킬레우스는 적군이 눈앞에서 갑자기 사라지자, 신이 도와줬다는 사실을 알아챘어요.

헥토르가 아킬레우스를 기다렸어요

트로이 군대가 성을 향해 달려왔어요. 그것을 본 트로이의 왕 프리아모스는 성문을 활짝 열었어요. 군사들이 다 들어오면 문을 닫으려고 했지요. 아킬레우스는 트로이 군대를 바짝 뒤쫓아 왔어요.
그러자 아폴론이 프리아모스 왕의 아들로 변신해서 그와 맞섰어요.
그 틈에 트로이 군사들은 무사히 성으로 들어갔어요.
하지만 헥토르는 성으로 들어가지 않았어요.

그는 소중한 부하들을 잃은 슬픔에 성으로 들어갈 수 없었어요.
왕과 왕비가 발을 동동 구르며, 헥토르에게 어서 들어오라고 애원했어요.
그때, 아킬레우스가 갑옷을 번쩍이며 헥토르에게 달려왔어요.
헥토르는 겁이 났지만 다시 한 번 용기를 냈어요.

트로이의 영웅이 쓰러졌어요

그때 헥토르의 동생 데이포보스로 변신한 아테나가 나타났어요. 헥토르는 동생이 자신을 도우러 왔다는 생각에 용기가 났어요. 그래서 아킬레우스를 향해 힘껏 창을 던졌어요. 하지만 창이 방패에 맞고 튕겨 나갔어요. 헥토르가 동생에게 창을 달라고 외쳤지만 아무런 대답이 없었어요. 동생은 이미 사라지고 없었지요. 헥토르는 그만 힘이 빠지고 말았어요. 그때 아킬레우스가 다가왔어요. 헥토르는 마지막 힘을 냈어요.

트로이 전쟁의 비극(일리아스)

헥토르가 칼을 들고 아킬레우스에게 달려갔어요. 아킬레우스는 헥토르의 갑옷을 살폈어요. 단단한 갑옷 사이로 목이 살짝 드러났어요. 아킬레우스가 목을 향해 창을 던졌어요. 헥토르가 창에 맞아 쓰러졌어요. 트로이를 빛낸 위대한 영웅의 마지막이었지요.

헥토르는 죽어 가며 마지막 소원을 말했어요.

"나를 트로이로 보내 주시오."

하지만 아킬레우스는 그 부탁을 들어줄 생각이 없었어요. 헥토르 때문에 자신의 친구, 파트로클로스가 죽었으니까요.

예술 작품으로 보는 트로이 전쟁

예술가들은 트로이 전쟁 이야기에 관심이 많았어요. 그래서 트로이 전쟁에 참여했던 영웅들의 흥미진진한 전투와 사랑 이야기를 시와 그림, 조각 등 아름다운 예술 작품으로 만들어 냈지요.

서양에서 가장 오래된 문학 작품인 〈일리아스〉와 〈오디세이아〉는 호메로스가 쓴 서사시예요. 모두 트로이 전쟁 이야기인데 〈일리아스〉의 주인공은 아킬레우스, 〈오디세이아〉의 주인공은 오디세우스예요.

〈오디세우스의 귀향〉의 한 장면

작곡가 몬테베르디는 〈오디세이아〉의 마지막 내용을 읽고 오페라 〈오디세우스의 귀향〉을 작곡했어요. 1640년에 처음 공연된 이 오페라에는 제우스와 헤라를 비롯한 여러 신과 영웅 오디세우스가 멋지게 등장한답니다.
화가 루벤스는 사과를 든 파리스가 세 여신 앞에 서서 고민하는 내용을 그림 〈파리스의 심판〉에 담았어요. 누구에게 사과를 줄지 고민하는 파리스의 모습이 생생해서, 지금까지도 아름다운 명화로 꼽히지요.
또한 워터하우스, 도메니코 베카푸미 등 많은 화가가 오디세우스의 아내인 페넬로페를 그림으로 그리기도 했어요.
이처럼 트로이 전쟁은 아름다운 예술 작품으로 다시 태어나 우리 곁에 남아 있어요.

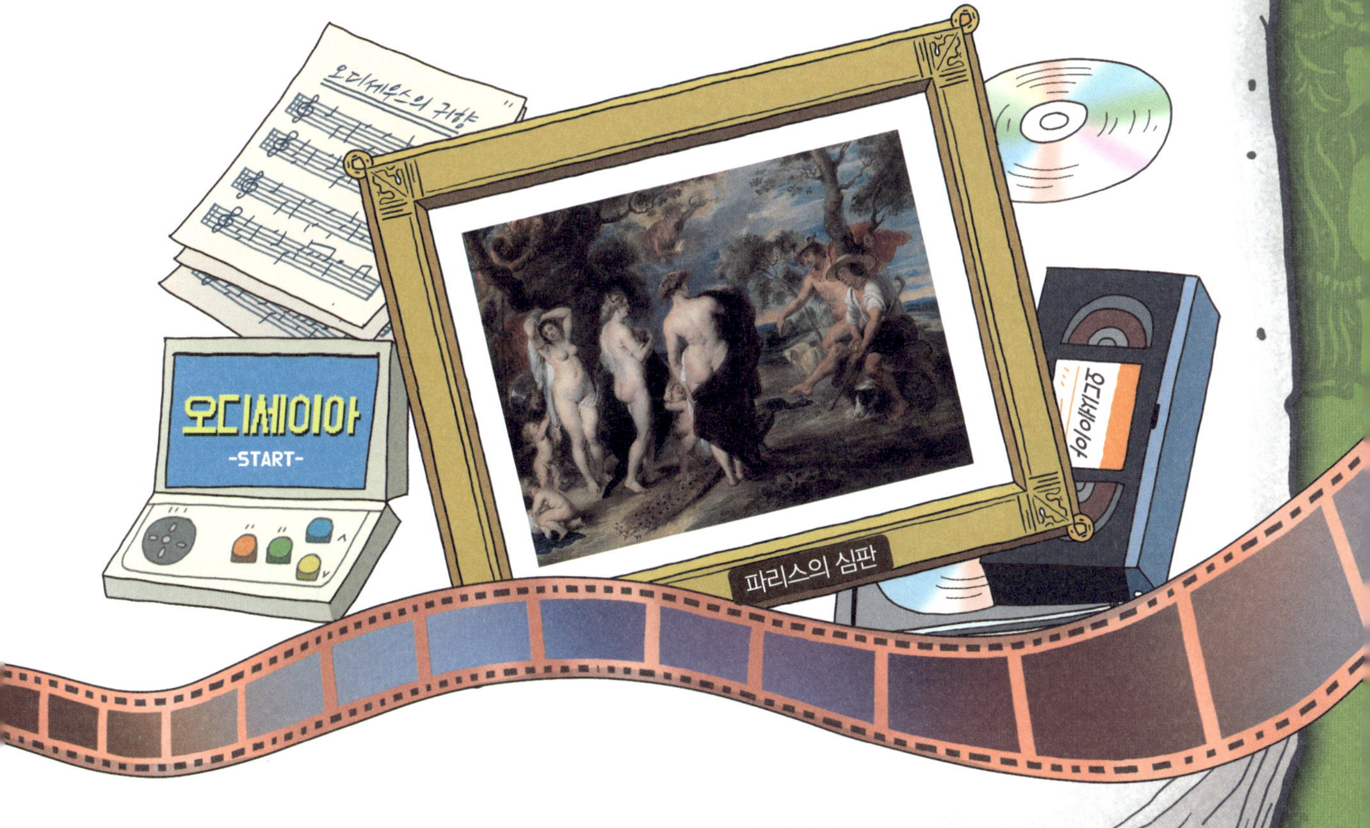

파리스의 심판

우리에게 영웅을 돌려주세요

트로이가 깊은 슬픔에 빠졌어요

트로이에 슬픈 소식이 전해졌어요. 헥토르가 죽어서도 돌아올 수 없다는 것이었어요. 게다가 아킬레우스가 헥토르의 몸을 전차에 매달아 이리저리 끌고 다닌다는 게 아니겠어요? 프리아모스 왕과 헤카베 왕비는 가슴이 무너졌어요. 그들은 헥토르를 어서 데려오라며 울부짖었어요. 트로이 백성도 소리 높여 울었지요.

트로이 전쟁의 비극(일리아스)

헥토르의 아내 안드로마케도 깊은 슬픔에 빠졌어요. 그녀는 끝내
남편을 따라 죽을 결심을 했어요. 성 아래로 몸을 던지려는 순간,
시녀들이 말려서 겨우 목숨을 구했지요. 그때 안드로마케의 머릿속에
끔찍한 장면이 스쳐 갔어요. 트로이가 무너지고, 자신은 적에게 잡혀가며,
사랑하는 아이는 잃게 되는 모습이었어요.
그녀는 온몸을 떨며 서럽게 흐느꼈어요.
헥토르를 잃은 트로이는 눈물이 끊이지 않았어요.

복수는 계속되었어요

아킬레우스는 친구를 죽인 원수를 갚았는데도 헥토르에게 화가 풀리지 않았어요. 자꾸만 파트로클로스와 함께 지낸 시간들이 떠올랐어요. 밥도 먹기 싫고, 잠도 오지 않았어요. 오직 그리운 친구만 떠올랐지요. 그래서 며칠이고 헥토르의 몸을 전차에 매달고 다녔어요.

트로이 전쟁의 비극(일리아스)

제우스가 아킬레우스의 어머니인 테티스에게 말했어요.
"이제 그만 헥토르의 몸을 돌려주라고 아들을 설득해 보시오. 지금 트로이 전체가 슬픔에 빠져 있소."
제우스는 무지개 여신 이리스에게도 명령했어요.
"프리아모스 왕한테 아들을 데려가라고 전해."
프리아모스 왕은 아들을 데려가기 위해 길을 나섰어요. 고맙다는 뜻으로 아킬레우스에게 줄 옷감과 금은보화를 가득 싣고서요.

제우스 님이 헥토르를 데려가래요.

아버지의 이름으로 애원했어요

제우스는 전령의 신 헤르메스를 프리아모스 왕에게 보냈어요. 헤르메스는 왕이 위험에 빠지지 않도록 지켜 주고 길도 안내해 주었어요. 그는 왕을 아킬레우스가 있는 곳으로 데려다주었어요. 그 앞에는 무시무시한 경비병들이 지키고 있었어요. 헤르메스는 자신의 지팡이로 경비병들을 잠재웠어요. 그 덕분에 왕은 아킬레우스를 무사히 만날 수 있었어요.

트로이 전쟁의 비극(일리아스)

그는 자존심도 버린 채 아킬레우스의 발밑에 엎드렸어요.
"내 아들 헥토르를 데려갈 수 있게 해 주게."
아킬레우스는 고향에 있는 아버지와 죽은 친구 파트로클로스가
생각나서 눈물을 흘렸어요.
아킬레우스는 엎드린 왕을 일으켜 세우며 헥토르를 데려가라고 했어요.
또 헥토르의 장례를 치르는 동안 전쟁을 하지 않기로 약속했어요.

마침내 헥토르가 돌아왔어요

죽은 헥토르를 실은 마차가 트로이에 도착했어요.
사람들은 마지막으로 영웅의 얼굴을 보기 위해 몰려들었어요.
헥토르의 어머니와 아내도 뛰어나왔지요.
차갑게 식은 영웅의 얼굴 위로 수많은 사람의 눈물이 떨어졌어요.
트로이에는 날이 저물 때까지 울음소리가 그치지 않았어요.

밤이 되자 장례 준비가 시작되었어요.
사람들은 9일 동안 장작을 높이 쌓았어요. 열흘째 되는 날,
헥토르를 장작더미 위에 올려놓았어요. 트로이 사람들이 모두 모여
그 곁을 에워쌌어요. 그리고 장작에 불을 붙여 화장을 했어요.
트로이를 위해 목숨을 바친 헥토르는 비로소 평화롭게 잠들었어요.

그리스 문명의 어머니, 에게 문명

옛날에는 다른 나라로 가려면 말을 타거나 걸어가야 했어요. 하지만 지금은 비행기를 타고 빠르게 갈 수 있어요. 또 옛날에는 왕이 대를 이어 나라를 다스렸어요. 하지만 오늘날에는 국민들이 직접 대통령을 뽑아요. 이처럼 사람들이 옛날보다 더 발전되고 편리한 삶을 살아가는 것을 '문명'이라고 해요. 에게 문명은 그리스 문명과 유럽 역사의 어머니로 불릴 만큼 큰 영향을 미쳤어요.

에게 해는 지중해 동쪽에 있는 바다예요. 이 바다를 중심으로 옛날 그리스 남부와 크레타 섬, 키클라데스 섬, 트로이 등에서 발달한 문명을

'에게 문명'이라고 해요.

에게 문명은 기원전 3000년 무렵부터 기원전 1200년 무렵까지 활발하게 발달했어요.

미로 궁전으로 유명한 크레타 섬의 미노스 왕궁은 옛날 왕궁 중에서도 아주 큰 왕궁으로 손꼽혀요. 또한 트로이 유적지는 오늘날 세계 문화유산으로 지정될 만큼 훌륭한 문명이에요.

고대 그리스 인들이 만들어 낸 놀라운 에게 문명과 문화는 아름다운 유물과 유적, 그리고 그리스 로마 신화의 모습으로 우리에게 고스란히 전해졌어요.

아킬레우스가 쓰러진 뒤, 또 다른 영웅 오디세우스가 등장했어요.
**오디세우스는 계속되는 전쟁을 끝내기 위해 거대한 목마를
만들기 시작했어요. 도대체 전쟁터에 목마가 왜 필요했을까요?**
오디세우스는 대체 무슨 생각을 하고 있는 것일까요?
모두 함께 이야기 속으로 천천히 들어가 볼까요?

아킬레우스의 약점을 찾아라!

아마존 여왕이 용감히 싸웠어요

헥토르가 죽은 뒤, 트로이는 어찌할 바를 몰랐어요. 군대를 이끌 영웅이 사라졌으니까요. 그래서 왕은 서둘러 이웃 나라에 도움을 요청했어요. 에티오피아의 왕 멤논과 아마존의 여왕 펜테실레이아가 트로이를 돕기 위해 왔어요. 펜테실레이아는 열두 명의 여자 군사들을 이끌고 왔어요. 비록 숫자는 적었지만, 결코 다른 군대에 뒤지지 않을 정도로 강했어요. 그들은 용기가 넘쳤고, 전투 실력도 훌륭했어요. 펜테실레이아는 용감하게 싸우며 그리스 군을 무찔렀어요.

무너지는 트로이(오디세이아)

하지만 아킬레우스를 이기지는 못했어요. 여왕은 끝내 힘없이 무너지고 말았어요. 아킬레우스는 비록 적군이었지만 용감하게 싸운 그녀의 용기에 큰 감동을 받았어요. 그는 그녀를 죽인 것을 후회하며 한숨을 쉬었어요.
그런데 그리스 군사 하나가 그런 아킬레우스를 비웃었어요.
"저 여자를 좋아하셨나 봐요."
그러자 화가 난 아킬레우스가 그 군사의 목숨을 빼앗았어요. 그리고 여왕을 관에 고이 넣어 트로이의 프리아모스 왕에게 보내 주었답니다.

아킬레우스의 발뒤꿈치

트로이 왕국의 공주 폴릭세네가 오빠 헥토르의 무덤 앞에서 울고 있었어요. 그때 지나가던 아킬레우스가 폴릭세네를 보았어요. 그는 공주를 보자마자 첫눈에 반했지요.

"나와 결혼해 주면, 전쟁을 끝내고 그리스로 돌아가겠소."

공주는 일단 아킬레우스에게 반한 척하면서, 그의 단단한 갑옷을 뚫을 방법을 찾기로 했어요. 공주는 오빠 헥토르를 죽인 아킬레우스에게 복수를 하고 싶었거든요.

무너지는 트로이(오디세이아)

하지만 아킬레우스는 아기였을 때 스틱스 강에 담갔기 때문에
영원히 죽지 않는 몸이었어요. 그렇지만 그에게도 약점이 있었어요.
바로 스틱스 강에 끝까지 담그지 않는 발뒤꿈치였지요.
폴릭세네 공주는 아킬레우스의 약점을 알아내,
오빠 파리스에게 알려 주었어요.
파리스는 화살에 독을 발라 아킬레우스의 발뒤꿈치를 쏘았어요.
아킬레우스는 그만 쓰러져 죽고 말았어요.

갑옷의 새 주인은 누구인가?

아킬레우스가 죽은 뒤, 많은 사람이 그의 갑옷을 욕심냈어요.
그때 아킬레우스의 어머니 테티스가 말했어요.
"내 아들의 갑옷을 입을 만한 위대한 영웅에게 주세요."
많은 사람 중에서 오디세우스와 큰 아이아스가 후보에 올랐어요.
장군들이 모두 모여 의논을 했어요. 그 결과, 갑옷을
오디세우스에게 주기로 했어요.

무너지는 트로이(오디세이아)

큰 아이아스는 당연히 자신이 갑옷의 주인이 될 거라 생각했어요.
그런데 오디세우스가 갑옷을 받게 되자, 자존심이 너무 상했어요.
충격 때문에 전쟁에 나가기도 싫고, 군사들 앞에 서기도 창피했어요.
결국 큰 아이아스는 스스로 목숨을 끊고 말았어요. 그의 피가 땅속으로
스며들자, 그곳에서 꽃 한 송이가 피어났어요. 꽃잎에는 A와 I,
두 글자가 새겨져 있었어요. 아이아스의 이름에 있는 글자였지요.
그리스어로 'AI'는 '슬프다'라는 뜻이기도 하답니다.

약점을 잡다, 아킬레스건

그리스의 영웅 아킬레우스에게도 한 가지 약점이 있었어요.
바로 그의 발뒤꿈치예요!
우리 몸에도 그의 이름을 딴 '아킬레스건'이 있어요. 발뒤꿈치 뼈에
붙어 있는 힘줄이지요. '아킬레스'는 아킬레우스를 로마식으로 부른 것이고,
'건'은 우리말로 힘줄을 뜻해요. 아킬레우스가 발뒤꿈치에 파리스의 화살을 맞고
죽은 것 때문에, 발뒤꿈치에 있는 힘줄을 아킬레스건이라고 부르는 거예요.

아킬레스건은 사람이 걷고 뛰는 데 아주 중요한 역할을 해요. 종아리와 발목을 연결하는 힘줄인데, 우리 몸에 있는 힘줄 중에서 가장 강하고 크답니다. 아킬레스건이 끊어지면 엄청난 통증을 느끼게 돼요. 아킬레스건은 또 다른 의미로, 남들에게는 들키고 싶지 않은 비밀스러운 약점을 뜻하기도 해요. 여러분에게도 들키고 싶지 않은 아킬레스건이 있나요? 걱정 마세요! 아킬레스건은 누구에게나 있거든요.

헤라클레스의 독화살을 찾아서

파리스를 물리칠 유일한 방법

트로이의 왕자, 파리스는 아폴론의 보호를 받고 있었어요. 아카이아 군대가 그런 파리스를 이기려면 헤라클레스의 독화살이 꼭 필요했어요. 그 화살은 머리가 아홉 개 달린 괴물 히드라의 피와 독에 적신 화살이었지요.

아킬레우스를 잃고 자신감이 떨어진 아카이아 군대는 서둘러 화살을 찾아 나섰어요.

무너지는 트로이(오디세이아)

헤라클레스의 독화살은 그의 친구 필록테테스가 갖고 있었어요.
그는 헤라클레스가 죽을 때 곁에 있어 준 친구예요. 헤라클레스는
고마움의 뜻으로 독화살을 필록테테스에게 선물했었지요.
필록테테스는 트로이 전쟁에 가는 길에 렘노스 섬에 남게 되었어요.
독사에 물려서 꼼짝도 할 수 없었거든요. 그 사실을 알게 된 의사 마카온이
섬으로 달려가 필록테테스를 치료해 주었어요. 필록테테스는 말끔히 나아서
전쟁터로 다시 갔어요. 헤라클레스가 준 화살을 들고서요.
아카이아 군대는 드디어 헤라클레스의 화살을 손에 넣었어요.

파리스가 독화살을 맞았어요

파리스는 전쟁터에서 자신만만했어요. 그때였어요!
어디선가 화살이 날아와 파리스의 몸에 박혔어요.
파리스는 금방 나을 거라 생각하며 두려워하지 않았어요.
하지만 점점 기운이 빠졌어요. 그제야 파리스는 그 화살이
헤라클레스의 독화살이라는 것을 눈치챘어요. 파리스는 서둘러
자신을 치료해 줄 능력을 지닌 님프, 오이노네를 찾아갔어요.

무너지는 트로이(오디세이아)

사실 파리스는 헬레네를 만나기 전 오이노네와 결혼한 사이였어요.
하지만 파리스가 헬레네를 데리러 가면서 오이노네를 버렸지요. 오이노네는
오랜 세월 동안 버림받은 상처를 안고 살아갔어요.
그래서 독화살에 맞은 파리스가 찾아왔을 때 치료해 주지 않았어요.
결국 파리스는 트로이로 돌아가 죽고 말았어요.
오이노네는 금세 후회하며 파리스를 쫓아갔지만, 때는 이미 늦었지요.
그녀는 가슴 아파하며 쓸쓸히 죽고 말았어요.

트로이의 목마

오디세우스가 새 계획을 세웠어요

아킬레우스의 갑옷을 물려받은 오디세우스는 전쟁에서 이길 방법이 뭘까 고민했어요. 그는 트로이에 있는 아테나를 상징하는 조각상 '팔라디온'이 생각났어요. 이 조각상이 트로이 성에 있으면 절대 망하지 않는다는 전설이 내려오고 있었기 때문이에요.
오디세우스는 변장을 하고 트로이 성으로 몰래 들어가 팔라디온을 훔쳤어요. 하지만 트로이는 망하지 않았어요.
오디세우스는 다른 방법을 찾았어요.

무너지는 트로이(오디세이아)

이번에는 건축가에게 속이 빈 거대한 목마를 만들라고 했어요.
그는 목마가 완성되자, 그 안에 군사들과 함께 숨었어요. 바깥에는
'아카이아 군이 떠나면서 아테나 여신에게 바치는 선물'이라는 문구도
써 놓았지요. 그리고 아카이아 군대는 배를 타고 떠나는 척했어요.
트로이 사람들은 적군이 떠났다고 생각하고 성문을 활짝 열었어요.
성 밖에는 거대한 목마가 우뚝 서 있었지요. 몇몇 트로이 사람들이
목마를 성안에 들여놓자고 주장했어요.

라오콘이 벌을 받았어요

그때, 라오콘이 목마를 창으로 찌르며 말했어요.

"목마를 성안에 들이면 안 돼요. 이 목마는 트로이를 망하게 할 겁니다."

사람들이 라오콘의 말을 따르려는데, 때마침 아카이아 군사 시논이 포로로 잡혀왔어요. 그가 말했어요.

"목마를 성안으로 들여놓으면 아카이아 군을 이길 수 있습니다."

이것은 오디세우스의 계략이었고, 곧이어 이상한 일도 일어났어요.

무너지는 트로이(오디세이아)

바다에서 커다란 뱀 두 마리가 튀어나온 거예요. 뱀들이 라오콘을 향해 다가왔어요. 그리고 라오콘과 그의 아들들을 휘감았어요. 그들은 숨이 막혀 죽고 말았어요. 신들이 함께하는 전쟁에 함부로 끼어들어 방해를 한 죄 때문이지요. 그 광경을 본 트로이 사람들은 라오콘이 아테나 여신을 화나게 해서 벌을 받았다고 생각했어요. 트로이 사람들은 목마를 성안으로 옮겼어요.

라오콘과 그의 아들

트로이가 멸망했어요

트로이 사람들은 신에게 감사하며 잔치를 벌였어요. 밤이 깊어지자, 흥겹게 놀던 사람들이 하나둘 잠들었어요.

아카이아 군사들은 목마 안에서 조용히 때를 기다렸지요. 얼마 뒤, 포로로 잡혀 있던 시논이 신호를 보냈어요. 그러자 아카이아 군이 목마에서 빠져나와 성문을 열었어요. 밖에는 이미 아카이아 군대가 기다리고 있었어요. 트로이 성은 금세 불길에 휩싸였지요.

무너지는 트로이(오디세이아)

트로이 왕이 급히 갑옷을 차려입고 싸울 준비를 했어요.
그때, 왕의 막내아들 폴리테스가 달려왔어요. 그 뒤를 아킬레우스의 아들 네오프톨레모스가 쫓아왔어요. 이미 심하게 다친 폴리테스는 아버지 앞에서 목숨을 잃었지요. 왕이 눈물을 흘리며 네오프톨레모스에게 덤벼들었어요.
하지만 늙고 힘없는 왕은 네오프톨레모스의 창 앞에서 쓰러졌지요.
왕이 죽자, 왕비와 카산드라 공주 등은 포로가 되어 그리스로 끌려갔어요.
아킬레우스가 사랑했던 폴릭세네 공주도 죽고 말았답니다.
이로써 트로이는 완전히 무너졌어요. 그리스의 승리였지요.

긴 전쟁이 끝난 뒤

부부가 10년 만에 다시 만났어요

트로이가 멸망하자, 스파르타의 왕 메넬라오스는 아내였던 헬레네를 찾았어요. 헬레네 때문에 트로이 전쟁이 벌어졌지만, 그녀를 여전히 사랑했거든요. 헬레네 역시 파리스가 죽은 뒤, 아카이아 군대를 남몰래 도왔어요. 오디세우스가 팔라디온 조각상을 훔칠 때도 도와주었답니다. 메넬라오스 왕과 헬레네는 그리스로 가는 배에 함께 탔어요. 두 사람은 다시 스파르타의 왕과 왕비가 되었답니다.

무너지는 트로이(오디세이아)

집으로 돌아온 아가멤논

그리스 전체가 승리의 기쁨에 들뜬 가운데, 아카이아 군대를 이끌었던 아가멤논에게는 불행이 닥쳐왔어요.
아가멤논이 전쟁터를 누비는 사이, 그의 아내 클리타임네스트라가 배신을 한 거예요. 그녀는 남편이 없는 동안 아이기스토스와 가까워졌어요.
아가멤논이 돌아오자, 두 사람은 힘을 합쳐 그의 목숨을 빼앗았어요.
그리고 더욱 무서운 일을 꾸미기 시작했어요.

아들이 복수를 했어요

아가멤논과 클리타임네스트라 사이에는 딸 세 명과 아들 한 명이 있었어요.

아들 오레스테스는 누나인 엘렉트라가 돌보았지요.

그런데 클리타임네스트라와 애인 아이기스토스가 아들을 죽이려고 했어요.

나중에 자라서 자신들에게 복수할지도 모른다고 생각했으니까요.

엘렉트라는 어머니의 무서운 계획을 눈치챘어요.

그래서 고모가 왕비로 있는 포키스 왕국으로 동생을 떠나보냈어요.

포키스 왕국으로 간 오레스테스는 사촌 필라데스와 사이좋게 자랐어요.
청년이 된 오레스테스는 아버지를 죽인 원수를 갚기로 했어요.
그는 변장을 하고 옛집에 가서 어머니와 애인의 목숨을 빼앗았지요.
그러나 오레스테스는 어머니를 죽인 죄로 신들에게 미움을 받았어요.
복수의 여신들인 에리니에스가 그를 미치게 만들었어요. 그 뒤,
오레스테스는 이 나라 저 나라를 헤매는 떠돌이 신세가 되었지요.
그런 오레스테스를 돌봐 준 사람은 사촌 필라데스뿐이었어요.

아르테미스 여신상을 훔쳤어요

오레스테스는 에리니에스를 피해 아테나 여신에게 도움을 청했어요. 아테나는 그가 불쌍했어요. 그래서 아레오파고스 법정에서 재판을 받도록 해 주었지요.

심판관들은 투표를 했어요. 그 결과, 무죄와 유죄가 똑같이 나왔어요. 오레스테스는 아테나의 법에 따라 무죄로 판결받았답니다. 당시에는 무죄와 유죄 표가 똑같이 나왔을 때 무죄가 되었거든요. 하지만 에리니에스는 오레스테스를 놓아주지 않았어요.

그러자, 다시 신에게 어떻게 해야 하는지 물었어요.
"타우리스에 있는 아르테미스 여신상을 훔쳐야 네 죄를 완벽하게 씻을 수 있다."
오레스테스는 필라데스와 함께 타우리스로 떠났어요.
하지만 그들은 여신상을 훔치다 붙잡히고 말았지요. 그때 오레스테스의 또 다른 누나인 이피게네이아가 나타났어요. 두 사람은 이피게네이아의 도움으로 아르테미스 여신상을 훔치는 데 성공했어요.

컴퓨터를 망가뜨리는 트로이 목마

트로이를 멸망시킨 거대한 목마의 이름을 딴 컴퓨터 프로그램이 있어요. 컴퓨터를 사용하는 사람의 정보를 빼앗는 아주 해로운 프로그램이에요. 트로이 목마 안에 아카이아 군사들이 몰래 숨어 있었듯이, 이 프로그램 역시 좋은 프로그램인 척하고 컴퓨터에 숨어 있어요. 그래서 사람들은 아무 의심 없이 컴퓨터에 트로이 목마 프로그램을 설치하지요. 그때부터 '트로이 목마'의 활동이 시작된답니다.

<mark>트로이 목마 프로그램은 컴퓨터에 저장된 파일을 멋대로 지우거나, 비밀번호를 빼내기도 해요.</mark> 또 컴퓨터를 망가뜨리기도 하지요. 아카이아 군사들이 목마 안에 숨어 있다가 트로이를 갑자기 공격했던 모습과 아주 비슷하답니다.
이토록 무시무시한 '트로이 목마'를 피하려면 어떻게 해야 할까요?
모르는 사람이 보낸 이메일은 열지 않는 것이 좋아요. 또 컴퓨터 바이러스를 치료해 주는 최신 백신 프로그램을 사용해야 해요.

마침내 길고 긴 전쟁이 끝났어요. 하지만 **오디세우스의 모험은
이제부터가 시작이에요.** 고향으로 돌아가는 길은 멀고 험난했어요.
**외눈박이 거인과 한판 싸움을 벌이고, 야만족에게 쫓기고,
흉측한 괴물과 무시무시한 마녀까지**……. 오디세우스는 이 모든 시험을 다
이겨 내고 집으로 무사히 돌아갈 수 있을까요?

오디세우스의 모험
(오디세이아)

다시 험난한 항해가 시작되다

고향을 잊게 하는 열매

드디어 길고 긴 전쟁이 끝났어요. 그리스와 함께 싸웠던 여러 군대가 하나둘 고향으로 돌아갔어요. 전쟁을 승리로 이끈 오디세우스도 부하들과 함께 자신의 나라 이타카로 향했어요. 가던 중에 키코네스 족이 사는 도시에 머물게 되었어요. 그런데 그곳 주민들과 싸움이 일어났어요. 그 싸움으로 오디세우스 부하 여섯 명이 죽고 말았어요.

오디세우스의 모험(오디세이아)

오디세우스는 다시 길을 떠났지만, 폭풍우를 만나 9일 동안 바다를 떠다녔어요. 이번에는 로토파고이 족이 사는 곳에 도착했어요. 로토파고이 족은 연꽃의 열매를 먹고사는 사람들이었어요. 그들은 오디세우스 일행을 다정하게 맞아 주었어요. 물과 열매도 나눠 주었지요. 그런데 이 열매를 먹으면 이상하게도 고향 생각이 나지 않았어요. 열매를 먹은 오디세우스의 부하들은 고향으로 가지 않고, 그곳에 살겠다고 고집을 부렸어요. 열매를 먹지 않은 오디세우스는 부하들을 배에 꽁꽁 묶어 놓고 다시 항해를 시작했어요.

거인이 사는 동굴에 갇혔어요

키클롭스는 이마에 눈이 하나 있는 거인족이에요. 그들은 양을 기르며 동굴에서 살았는데, 성질이 난폭하고 힘도 엄청나게 셌어요. 오디세우스 일행은 물과 식량을 구하기 위해 키클롭스가 사는 동굴로 들어갔어요.

저녁때가 되자, 거인 폴리페모스가 동굴로 돌아왔어요. 그는 동굴 안으로 양 떼를 몰아넣더니 큰 바위로 입구를 막았어요. 동굴에 누군가 들어와 있다는 것을 알아차린 거예요. 그는 곧 오디세우스의 부하 두 명을 찾아 잡아먹었어요. 그러고는 단잠에 깊이 빠졌어요.

오디세우스의 모험(오디세이아)

다음 날도 거인은 오디세우스의 부하를 두 명이나 잡아먹었어요. 달아날 궁리를 하던 오디세우스에게 좋은 생각이 떠올랐어요. 오디세우스는 거인에게 친절하게 술을 따라 주었어요. 술에 취한 거인이 곯아떨어지자 오디세우스가 뾰족한 막대기로 거인의 눈을 찔렀어요. 다음 날, 거인은 눈이 안 보였지만 양 떼를 목장으로 내보내야 했어요. 그는 힘겹게 동굴 문을 열었어요. 그리고 사람들이 양과 섞여 도망칠까 봐 일일이 양을 쓰다듬으며 확인했어요. 하지만 일행들은 양의 배에 매달려 동굴을 탈출했어요. 그들은 배에 양 떼를 싣고 달아났답니다.

호기심 때문에 되돌아온 배

오디세우스와 부하들이 어느 섬에 도착했어요. 그 섬은 바람을 다스리는 신인 아이올로스가 다스렸지요. 섬 사람들은 오디세우스 일행을 잘 대접하고 바람을 넣은 가죽 자루도 선물했어요. 오디세우스 일행이 탄 배는 그 자루 덕분에 편안하게 항해했어요. 그런데 부하들이 오디세우스가 잠든 사이에 자루를 몰래 열어 보았어요. 그 안에 보물이 들어 있을지도 모른다고 생각했거든요. 그러자 자루에서 거센 바람이 튀어나와 배를 왔던 곳으로 다시 돌려 보냈어요. 그들은 다시 힘들게 노를 저어야만 했어요.

오디세우스의 모험(오디세이아)

성질 사나운 야만족

긴 항해에 지쳐 가던 중, 드디어 조용하고 평화로운 항구에 도착했어요. 오디세우스는 그곳에 배를 멈추었어요. 그런데 갑자기 무기를 든 사람들이 우르르 몰려오더니 배를 부수는 게 아니겠어요? 그들은 물에 빠진 부하들을 죽이기까지 했어요. 그곳은 성질이 사나운 야만족 라이스트리곤의 섬이었어요. 오디세우스는 많은 부하와 배를 잃었어요. 그는 배 한 척을 이끌고 간신히 탈출했어요.

마녀 키르케의 경고

세이렌의 노래를 듣지 마세요

오디세우스 일행이 아이아이 섬에 도착했어요. 그곳에 사는 마녀 키르케는 사람을 동물로 바꾸는 마법을 부렸어요. 키르케는 오디세우스 부하들을 보자마자 돼지로 만들어 버렸어요. 그 모습을 본 정령의 신 헤르메스가 오디세우스에게 마법에 걸리지 않는 약초를 주었어요. 키르케는 마법이 통하지 않자 깜짝 놀랐어요. 오디세우스는 부하들을 사람으로 되돌려 놓으라고 말했어요. 키르케는 오디세우스의 말대로 하고, 대접도 극진히 했어요. 오디세우스가 떠날 마음이 들지 않을 정도로요. 하지만 오디세우스는 정신을 차리고 부하들과 배에 올랐어요. 키르케가 오디세우스에게 경고했어요.
"세이렌의 노래가 들리면 귀를 막으세요."

오디세우스의 모험(오디세이아)

오디세우스 일행이 세이렌의 섬을 지나게 되었어요. 그곳은 바다의 님프 세이렌이 노래로 사람들을 유혹하는 곳이었어요. 노래를 들으면 자기도 모르게 바다에 뛰어들어 죽고 말지요. 키르케의 말대로 모두 귀를 막았어요. 하지만 오디세우스는 귀를 막지 않았어요. 세이렌의 노랫소리가 언제 멈추는지 알아야 하니까요. 귀를 막는 대신 자신의 몸을 돛대에 꽁꽁 묶었어요.
이윽고 세이렌의 아름다운 노랫소리가 들려왔어요. 오디세우스 역시 바다에 빠지고 싶은 마음이 들었어요. 하지만 밧줄에 묶인 덕분에 세이렌의 섬을 무사히 지나갔어요.

괴물 뱀과 소용돌이를 조심하세요
키르케의 경고는 또 있었어요.
"괴물 스킬라와 카리브디스를 조심하세요."
스킬라는 키르케 때문에 개 머리가 여섯 개 달린 괴물 뱀으로 변한 처녀예요.
그녀는 절벽 위의 동굴에서 사람들을 잡아먹으며 살았어요.
카리브디스는 바다의 소용돌이 괴물이에요. 그 속에 한번 빨려 들어가면
다시는 나올 수 없었지요. 오디세우스 일행은 키르케 덕분에 무사히
소용돌이를 피해 갔어요. 하지만 갑작스레 나타난 괴물 스킬라는 미처
막지 못했어요. 여섯 개의 머리가 부하 여섯 명을 집어삼켰어요.

오디세우스의 모험(오디세이아)

히페리온의 가축을 먹으면 안 돼요

오디세우스 일행은 괴물 스킬라에게서 도망쳐 트리나키아 섬에 도착했어요. 그 섬에는 태양신 히페리온이 키우는 가축들이 살고 있었어요. 키르케는 절대로 그 가축들을 잡아먹지 말라고 경고했어요. 하지만 거센 바람에 배가 오랫동안 움직이지 못하자, 가져온 식량이 모두 바닥났어요. 배가 고파진 부하들은 히페리온의 가축을 잡아먹고 말았지요. 얼마 뒤, 부드러운 바람이 불자, 일행은 배를 타고 섬을 떠났어요. 그런데 얼마 가지 못하고 천둥 번개가 쳐서 배가 산산조각 났어요. 부하들은 모두 바다에 빠져 죽고, 오디세우스 혼자만 겨우 살아남았어요.

그 많던 부하는 다 어디 가고 나 혼자만 남았네….

141

훌륭한 스승, 멘토르

트로이 전쟁이 끝난 뒤, 오디세우스가 고향으로 돌아가기까지는 무려 20년이나 걸렸어요. 그동안 가족들은 어떻게 지냈을까요? 오디세우스가 트로이 전쟁에 참가할 때, 아들 텔레마코스는 갓난아기였어요. 오디세우스는 전쟁에 나가기 전, 친구 멘토르에게 아들을 보살펴 달라고 부탁했어요. 그 뒤, 멘토르는 오디세우스의 아내 페넬로페와 아들 텔레마코스를 정성껏 돌봐 주었어요.

멘토르는 텔레마코스에게 공부도 가르치고, 고민도 잘 들어주었어요. 텔레마코스는 멘토르 덕분에 현명하고 늠름한 청년으로 잘 자랐지요.

선생님은 제 멘토르예요.

하지만 오디세우스는 아들이 청년이 되었는데도 고향으로 돌아오지 못했어요. 텔레마코스는 아버지가 그리웠지만, 아버지를 찾으러 낯선 나라로 갈 용기는 없었어요. 그때에도 멘토르는 조언과 충고를 아끼지 않았어요. 멘토르의 말에 용기를 얻은 텔레마코스는 아버지를 찾기 위해 길을 나섰어요.
오늘날, 훌륭한 스승을 '멘토'라고 하지요? 이 말은 지혜로운 선생님이었던 멘토르에서 따온 말이랍니다.

잘 커줬구나, 텔레마코스.

감사합니다, 멘토르 님.

외로운 항해, 누군가의 도움이 필요해

님프 칼립소의 따뜻한 배려

오디세우스는 혼자 힘으로 오기기아 섬에 도착했어요. 그 섬에는 칼립소라는 바다의 님프가 살고 있었어요.

칼립소는 용감한 오디세우스를 사랑하게 되었어요. 하지만 오디세우스는 고향으로 가야 한다며 그녀의 마음을 거절했어요. 하지만 칼립소는 오디세우스를 미워하지 않았어요. 뗏목 만드는 법을 가르쳐 주고, 먹을 것도 주고 항해하기 좋은 바람도 불게 했지요. 그러나 강한 폭풍우로 뗏목은 산산이 부서져 버렸어요.

오디세우스는 부서진 뗏목에 몸을 맡긴 채 계속 떠내려갔어요.

오디세우스의 모험(오디세이아)

공주가 특별한 꿈을 꾸었어요

바다를 떠돌던 오디세우스가 마침내 육지에 도착했어요.
너무나 피곤했던 나머지 깊은 잠에 빠져들었지요. 그가 도착한 곳은
평화롭고 먹을 것도 많은 스케리아라는 섬이었어요.
오디세우스가 온 날 밤, 공주 나우시카가 꿈을 꾸었어요. 아테나 여신이 나타나
"결혼할 때가 됐으니 가족들 옷을 모두 빨아라."라고 말했어요.
잠에서 깬 공주는 옷가지를 들고 냇가로 가 보았어요. 그곳에는
오디세우스가 잠들어 있었지요.

친절한 공주의 초대를 받았어요

빨래를 마친 공주와 시녀들이 공놀이를 하고 있었어요. 그 소리에 오디세우스가 잠에서 깼어요. 오디세우스는 반가운 마음에 공주에게 갔어요. 공주는 그의 딱한 사정을 듣고, 궁전으로 초대했어요. 공주는 오디세우스가 자신과 결혼할 짝이라고 생각했거든요. 공주와 시녀들이 먼저 궁전으로 향하고, 오디세우스는 그 뒤를 따라가기로 했어요. 하지만 오디세우스가 그만 길을 잃고 말았어요.

오디세우스의 모험(오디세이아)

그때 물동이를 든 처녀가 나타나 길을 알려 주었어요.
사실 그 처녀는 변장을 한 아테나 여신이었어요.
오디세우스는 아테나의 도움으로 무사히 궁전에 도착했어요.
왕은 오디세우스를 극진히 대접했어요. 오디세우스는 그 보답으로
자신이 겪은 트로이 전쟁과 모험 이야기를 잔뜩 들려주었지요.
왕과 궁전 사람들은 그 이야기를 듣고 크게 놀라며 감동을 받았어요.
왕은 오디세우스가 고향에 돌아갈 수 있도록 배를 주고, 갖가지 보물도
선물했어요. 오디세우스는 무사히 고향에 도착했을까요?

20년 만에 돌아온 고향

아무도 모르게 고향에 갔어요

오디세우스는 꿈에 그리던 고향 이타카에 도착했어요.
귀족들은 그가 죽은 줄 알고, 오디세우스의 아내 페넬로페에게 앞다투어
결혼을 하자고 했어요. 하지만 페넬로페는 모두 싫다고 했지요.
텔레마코스는 아버지를 찾아 여러 나라를 돌아다녔지만 헛수고였어요.
모든 사실을 알게 된 오디세우스가 남들 눈을 피해 아들을 몰래 만났어요.
자신이 돌아왔다는 소문이 나면, 페넬로페를 탐내는 귀족들이
무슨 짓을 할지 모르기 때문이에요.

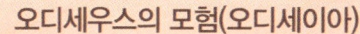

거지로 변장한 오디세우스는 아들과 함께 궁전으로 갔어요.
아무도 그를 알아보지 못했지요. 아내인 페넬로페조차도요.
오직 사냥개 아르고스만 주인을 알아채고 꼬리를 마구 흔들었지요.
거지를 본 귀족들은 눈살을 찌푸리며 손가락질을 했어요. 한편 귀족들은
페넬로페에게 어서 결혼할 사람을 선택하라고 다그쳤어요. 페넬로페도
더는 버틸 수가 없었어요. 그러자 텔레마코스가 말했어요.
"활쏘기 시합을 해서 결혼 상대를 고르는 건 어떻겠소?"

행복을 찾은 오디세우스

왕자의 말에 귀족들이 모두 찬성했어요. 한 줄로 늘어선 열두 개의 고리를 화살 하나로 꿰뚫는 사람이 이기는 시합이었어요. 먼저 활을 구부리는 것부터 겨뤘어요. 그 활은 오디세우스가 사용했던 활인데 너무 강하고 단단해 아무도 구부리지 못했어요. 그때 오디세우스가 나섰어요. 귀족들은 거지꼴을 한 그를 비웃었어요. 하지만 오디세우스는 단숨에 활을 구부리고 화살을 쏘았어요. 화살이 열두 개의 고리를 정확히 꿰뚫었어요. 귀족들 입이 떡 벌어졌어요.

오디세우스의 모험(오디세이아)

오디세우스가 이번에는 귀족들을 향해 화살을 겨누었어요. 그중 가장 무례했던 사람을 향해 화살을 쏘았지요. 귀족들이 깜짝 놀라 서로 달아나려고 했어요. 하지만 텔레마코스와 그의 부하들이 막아 섰지요. 오디세우스가 마침내 자신의 정체를 밝혔어요. 그제야 귀족들이 무릎을 꿇고 잘못을 빌었어요. 오디세우스는 그들을 모두 혼내 주었어요. 험난한 모험을 마친 오디세우스는 드디어 왕궁을 되찾았어요. 그리고 아내, 아들과 함께 행복하게 살았답니다.

오디세우스가 나오는 명화

오디세우스는 모험을 하면서 수많은 사람을 만났어요. 전 세계 화가들은 그가 만난 사람들이 궁금했고 그것을 그림으로 표현했어요.
자, 여기에서는 오디세우스의 모험 이야기에 등장하는 여인들을 만나 보세요.

오귀스트 에베르 〈오디세우스와 키르케〉

키르케는 사람을 동물로 바꾸는 마법을 부리는 마녀예요. 오디세우스의 부하들을 돼지로 바꾸기도 했지요. 하지만 나중에는 항해에 필요한 물건을 주고 큰 도움이 되었답니다.

얀 브뢰헬
〈오디세우스와 칼립소가 있는 환상의 동굴〉

오디세우스와 칼립소의 모습이에요. 칼립소가 살던 섬은 아름답고 풍요로웠어요. 맛있는 열매가 항상 열려 있고, 귀한 보물들도 많았지요.

피터르 라스트만 〈오디세우스와 나우시카〉

나우시카 공주는 모든 것을 다 잃은 오디세우스를 구해 주었어요. 그녀의 도움이 없었다면 오디세우스는 집으로 돌아가지 못했을 거예요.

프란체스코 프리마티초
〈오디세우스와 페넬로페〉

오디세우스가 드디어 고향에서 아내 페넬로페를 만났어요. 오디세우스가 20년 동안 자신을 기다려 준 페넬로페를 사랑스러운 눈빛으로 바라보고 있어요.

전쟁이 끝난 뒤, 트로이에는 상처와 아픔만 남았어요.
아이네이아스와 트로이 사람들은 상처받은 몸과 마음을 끌어안은 채
새로운 나라를 세울 땅을 찾아 떠났지요. 그들은 힘겨운 모험 끝에,
위대한 로마 제국의 바탕이 될 새 나라를 당당히 세웁니다.
모험의 끝에서 다시 시작된 모험!
새 나라가 어떻게 성장하고 변화하는지 끝까지 지켜봐 주세요.

아이네이아스의 모험

새 나라를 찾아 떠난 항해

트로이를 떠나, 새로운 곳으로

트로이가 멸망한 뒤, 많은 사람이 트로이를 떠났어요. 그중에는 트로이 전쟁에서 용맹하게 싸웠던 영웅 아이네이아스도 있었어요. 아이네이아스는 가족과 함께 해안가로 갔어요. 그곳은 피란민들로 가득했지요. 사람들은 새 나라를 간절히 원했어요.
드디어 배가 출발했어요. 처음으로 도착한 땅은 트라케였어요. 그곳은 저주받은 땅이었어요. 나뭇가지를 꺾자 피가 흘렀고, 땅속에서는 비명이 들려왔지요. 이런 곳에 새 나라를 세울 수는 없었어요. 아이네이아스와 트로이 사람들은 다시 새로운 땅을 찾아 떠났어요.

아이네이아스의 모험

그들은 델로스 섬에 도착했어요. 그 섬은 아폴론과 아르테미스가 태어난 곳이지요. 아이네이아스는 아폴론 신전에서 신의 명령을 들었어요.
"너희 조상이 있는 곳을 찾아라. 그곳이 너희를 위해 준비된 땅이다."
아이네이아스는 조상이 크레타에서 왔다는 전설을 듣고 크레타 섬으로 가 새로운 나라를 만들기로 했어요. 하지만 갑작스레 전염병이 돌고, 곡식이 자라지 않는 불행이 계속되었어요.
어느 날, 아이네이아스가 꿈을 꾸었어요. 꿈에서 어떤 목소리가 들렸어요.
"크레타 섬을 떠나 서쪽에 있는 헤스페리아로 가라."
아이네이아스와 트로이 사람들은 곧 헤스페리아로 떠났어요.

괴물 새 하르피아이

아이네이아스 일행은 하르피아이들이 사는 섬에서 쉬어 가기로 했어요. 하르피아이는 여자의 얼굴에 긴 발톱을 가진 괴물 새예요. 이 괴물 새는 항상 배가 고팠기 때문에 바람처럼 날아와 사람들의 음식을 가로채 갔어요. 그러던 중 아이네이아스 일행이 사냥을 해 잔치를 벌였어요. 하지만 이 또한 하르피아이들이 낚아챘지요. 아이네이아스가 괴물 새를 쫓으려고 칼을 휘둘렀지만 소용없었어요. 아이네이아스 일행은 그 섬을 떠날 수밖에 없었어요.

눈먼 거인, 폴리페모스를 만났어요

그들은 거인족 키클롭스들이 사는 섬을 지나게 되었어요. 그 섬에는 오디세우스가 눈을 멀게 한 거인 폴리페모스가 살고 있었지요. 장님이 된 폴리페모스가 바닷가로 내려왔어요. 아이네이아스 일행이 황급히 달아나려 하자, 폴리페모스가 큰 소리로 친구들을 불렀어요. 다른 거인들이 바닷가로 뛰어 내려왔어요. 아이네이아스와 사람들은 힘껏 노를 저었어요. 그들은 간신히 거인족을 피해 달아났어요.

디도 여왕과 사랑에 빠졌어요

카르타고의 여왕 디도는 원래 티로스 왕국의 공주였어요.
티로스 왕국의 왕이 된 오빠(피그말리온)에게 괴롭힘을 당하다가 그곳을
떠났지요. 디도는 부하들을 이끌고 카르타고에 가서 새로운 나라를
만들었어요. 그녀는 누구보다 나라를 잘 다스렸어요.
아이네이아스 일행이 카르타고에 도착하자, 디도 여왕은 그들을
반갑게 맞았어요. 아이네이아스는 여왕에게 트로이 전쟁과 이제껏 겪은
모험 이야기를 들려주었어요. 여왕은 아이네이아스에게 반해 버렸어요.
아이네이아스도 그녀에게 푹 빠졌지요.
그러자 제우스가 말했어요.
"아이네이아스, 다시 항해를 떠나. 가서 나라를 세워야지."
디도가 울면서 붙잡았지만, 아이네이아스는 떠날 수밖에 없었어요.
디도는 너무 슬픈 나머지 죽고 말았어요.

신들과 함께

포세이돈이 그들을 도와주었어요

아이네이아스 일행을 태운 배가 순조롭게 바다를 향해 나갔어요. 헤라는 트로이 사람들이 잘되는 걸 보니 화가 치밀기 시작했어요. 트로이 왕자 파리스가 가장 아름다운 여신에게 바치는 황금 사과를 아프로디테 여신에게 주었기 때문이에요.

헤라는 바람의 신 아이올로스에게 강한 바람을 일으키라고 명령했어요. 그러자 무서운 폭풍우가 휘몰아치고 배들이 부서질 것 같았어요.

아이네이아스의 모험

바다의 신 포세이돈이 파도 위로 고개를 내밀었어요. 자신의 명령도 없이
폭풍우가 몰아치자 이상하다고 생각했거든요. 그런데 폭풍우에 떠내려가는
아이네이아스의 배를 보자, 무슨 일인지 짐작이 갔어요. 포세이돈은
헤라가 제멋대로 바다를 뒤흔든 것에 화가 났어요. 그래서 바람을 꾸짖어
돌려보냈지요. 서둘러 물결을 가라앉히고 구름도 걷어 냈어요.
바위에 걸려 꼼짝 못하게 된 아이네이아스의 배도 끌어내 주었고요.
그들은 포세이돈의 도움으로 다시 항해를 떠났어요.

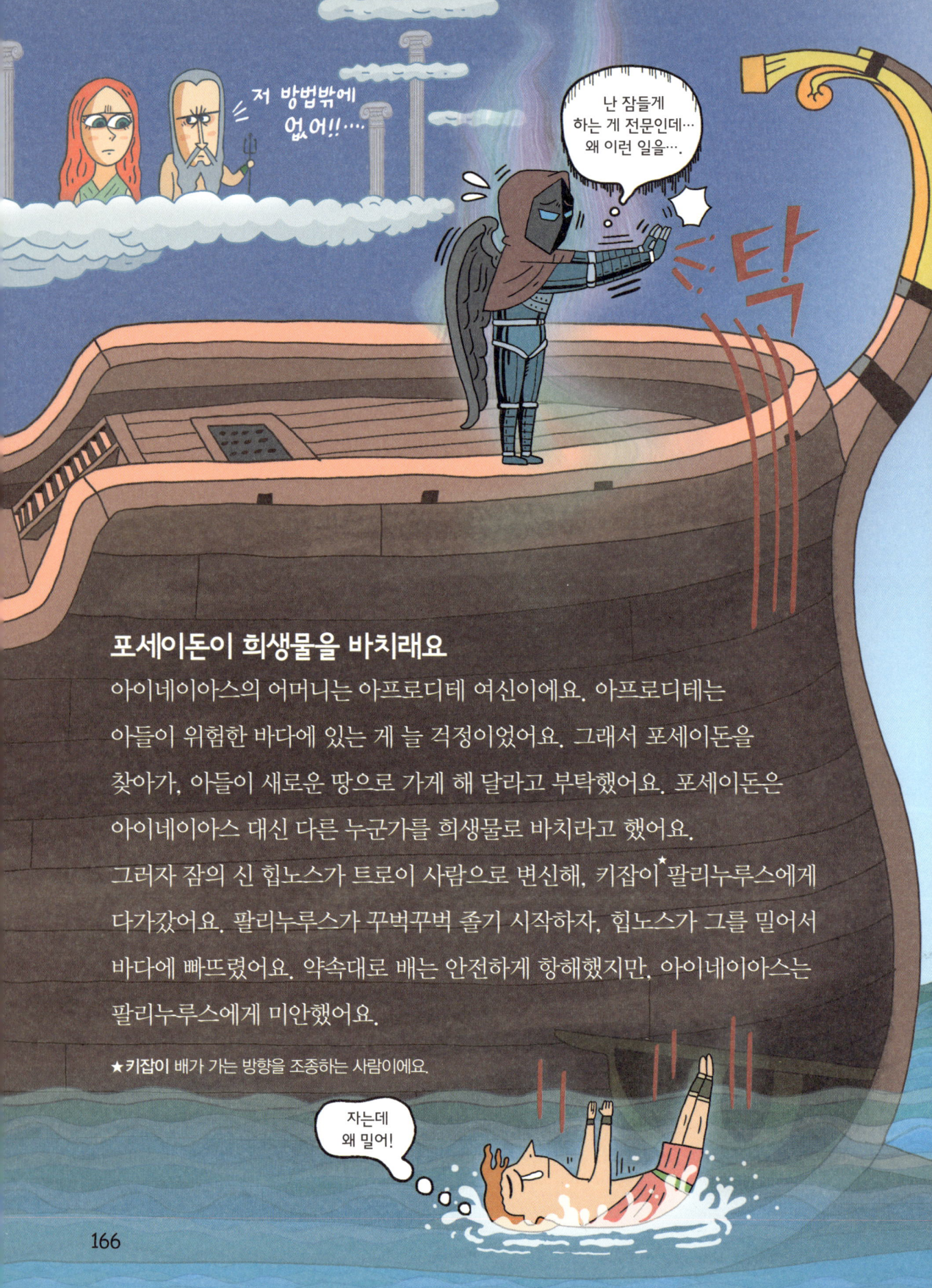

포세이돈이 희생물을 바치래요

아이네이아스의 어머니는 아프로디테 여신이에요. 아프로디테는 아들이 위험한 바다에 있는 게 늘 걱정이었어요. 그래서 포세이돈을 찾아가, 아들이 새로운 땅으로 가게 해 달라고 부탁했어요. 포세이돈은 아이네이아스 대신 다른 누군가를 희생물로 바치라고 했어요.
그러자 잠의 신 힙노스가 트로이 사람으로 변신해, 키잡이★ 팔리누루스에게 다가갔어요. 팔리누루스가 꾸벅꾸벅 졸기 시작하자, 힙노스가 그를 밀어서 바다에 빠뜨렸어요. 약속대로 배는 안전하게 항해했지만, 아이네이아스는 팔리누루스에게 미안했어요.

★ 키잡이 배가 가는 방향을 조종하는 사람이에요.

아폴론이 용기를 주었어요

아이네이아스 일행이 무사히 헤스페리아에 도착했어요. 헤스페리아는 지금의 이탈리아예요. 아이네이아스는 먼저 아폴론 신전을 찾아갔어요. 그곳을 지키는 예언자 시빌레가 아폴론의 말을 대신 전해 주었어요.
"앞으로 닥칠 어려운 일에 쓰러지지 말고, 더욱 용감하게 나가라. 너는 곧 새로운 나라를 세우게 될 것이다. 먼저 지하 세계로 가서 아버지 안키세스를 만나라."
아이네이아스는 아버지를 찾아 길을 떠났어요.

위험을 알리는 사이렌 소리

바다를 항해하는 뱃사람들이 가장 두려워했던 것은 무엇일까요?
거친 파도와 폭풍우만은 아니에요. 바다의 님프 세이렌도 공포의 대상이었죠.
세이렌은 아름다운 여자의 얼굴과 새의 몸을 하고 있다고 전해져요.
인간과 똑같이 예쁜 여자의 모습이라는 이야기도 있고요.
세이렌은 여럿이 모여 뱃사람을 유혹하는 노래를 부른다고 해요.
이 노래를 들은 뱃사람들은 마치 홀린 듯이 배를 바위섬에 부딪치거나,
뛰어내려 죽었다고 해요.

세이렌은 오디세우스뿐만 아니라, 아르고 호 탐험대의 배에도 접근했어요. 탐험대 중에는 리라 연주자 오르페우스도 있었어요. 얼마 뒤, 노래를 잘하는 세이렌과 최고의 연주자 오르페우스의 대결이 시작되었어요. 결과는 오르페우스의 승리였어요. 그가 리라를 연주해서 뱃사람들이 세이렌의 노래를 듣지 못하게 했거든요. 대결에서 진 세이렌은 자존심이 상해서 바다에 빠졌다고 전해져요.

<mark>위험하거나 급한 상황일 때 경찰차나 구급차, 소방차가 내는 경적 소리를 뜻하는 '사이렌'은 바다의 님프 '세이렌'에서 온 말이랍니다.</mark>

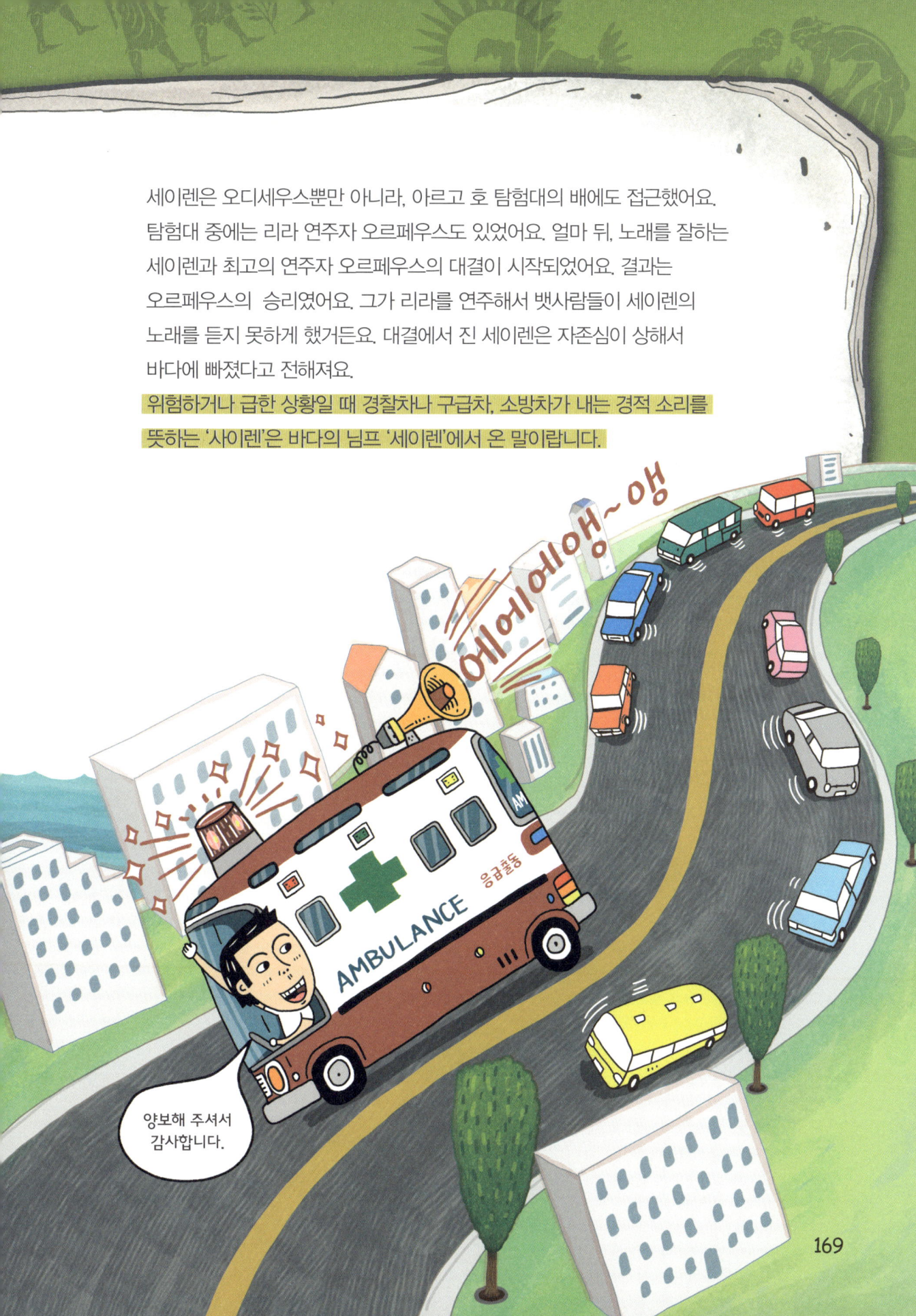

아버지를 찾아 지옥으로 간 아들

무시무시한 지옥 여행

아이네이아스는 저승으로 떠나기 전, 예언자 시빌레에게 같이 가 달라고 부탁했어요. 두 사람은 함께 지옥 여행을 시작했어요. 지옥을 지나야만 아버지가 있는 지하 세계로 갈 수 있거든요. 지옥은 들어가는 문 앞부터 무시무시했어요. 문 앞에는 독사의 머리카락을 가진 복수의 여신이 서 있었어요. 팔이 백 개 달린 괴물, 머리가 아홉 달린 괴물, 불을 토하는 괴물도 있었지요.

아이네이아스의 모험

아이네이아스는 두려움을 떨치고 지옥 문으로 들어갔어요.
그는 먼저 죽은 자들이 건너는 검은 강을 건넜어요. 그 강을 건너자
머리가 세 개 달린 케르베로스라는 개가 있었어요. 개가 그들을 보자마자
사납게 짖었어요. 시빌레가 약이 섞인 과자를 먹여 개를 잠재웠어요.
아이네이아스는 시빌레의 도움으로 지옥 여행을 계속했어요.
억울하게 죽은 사람들의 울음소리가 들리는 곳을 지나,
이루지 못한 사랑 때문에 죽은 사람들이 있는 '비탄의 들'도 지났어요.
아이네이아스는 점점 더 깊고 무서운 지하 세계로 갔어요.

지옥에서 만난 사람들

아이네이아스는 지옥을 여행하며 많은 사람을 만났어요. 먼저 자신 때문에 죽은 디도 여왕, 억울하게 죽은 팔리누루스도 만났어요. 트로이 전쟁에서 죽은 수많은 군사도 보았지요. 그곳에는 큰 바위가 머리 위에서 언제 떨어질지 몰라 두려워하는 사람들도 있었어요. 먹을 것을 앞에 두고도 먹지 못하는 굶주린 사람들도 보았지요. 그들은 살아 있을 때, 형제를 미워하거나 부모를 괴롭힌 사람들이었어요. 친구를 속이거나 이웃에게 베풀지 않은 사람들도 있었어요.

익시온이라는 사람은 쉴 새 없이 돌아가는 바퀴에 매달려 고통받고
있었어요. 커다란 돌을 산꼭대기까지 굴려 올라가면 다시 미끄러져,
처음부터 다시 굴려서 올려야 하는 시시포스도 만났어요.
죄를 지은 사람들 모두 지옥에서 끔찍한 벌을 받고 있었어요.
아이네이아스는 그 무서운 지옥에서 빨리 벗어나고 싶었어요.

엘리시온의 들판에서 아버지를 만났어요

마침내 아이네이아스는 지옥을 벗어나, 행복한 사람들이 사는 엘리시온의 들판에 도착했어요. 그곳 사람들은 춤을 추고 노래를 부르거나, 운동을 하며 시간을 보냈어요. 최고의 음악가 오르페우스가 리라를 연주하는 모습도 보였어요. 엘리시온의 들판에는 나라를 위해 싸우다 죽은 용사들, 신의 뜻을 잘 섬긴 사제들, 사람들을 위해 뭔가를 발명한 사람들, 아름다운 노래를 만든 사람들, 착하게 산 사람들이 살고 있었어요. 모두 천사의 날개 같은 하얀 리본을 머리에 달고 있었지요.

아이네이아스의 모험

아이네이아스는 엘리시온의 들판에서 아버지를 만났어요.
아버지는 아이네이아스에게 중요한 것들을 말해 주었어요.
"이탈리아에 살기 위해 겪어야 할 일이 아직 많이 남아 있단다. 때론 전쟁도 해야 하지. 하지만 언젠가 트로이 사람들이 세운 새 나라가 세계를 지배하게 될 거야. 참, 너는 곧 아내를 만난다."
긴 이야기가 끝난 뒤, 아이네이아스는 작별 인사를 하고 지름길을 이용해 땅으로 올라왔어요.

잘 이겨 내라, 아들아~. 넌 잘할 수 있어.

아빠, 안녕히 계세요.

175

새 나라를 세운 아이네이아스

새로운 터전, 험난한 일들

아이네이아스 일행은 이탈리아의 티베르 강가에 도착했어요. 그토록 찾던 새로운 땅, 새 나라를 세울 약속의 땅이었어요. 이곳을 다스리던 라티누스 왕이 그들을 반갑게 맞이했어요. 왕은 아이네이아스를 자신의 딸 라비니아와 결혼시켜, 나라를 다스리게 하려고 했어요. 하지만 헤라가 두고 볼 리 없었죠. 헤라는 아직도 아이네이아스가 미웠어요.

아이네이아스의 모험

헤라는 라티누스 왕과 왕비에게, 트로이 사람들에 대한 험담을 했어요.
게다가 평소 라비니아를 좋아하던 이웃 나라의 왕, 투르누스에게
"아이네이아스가 네 신부를 빼앗으려고 한다."라고 거짓말까지 했어요.
그뿐만이 아니었어요. 아이네이아스의 아들 이올로스가
백성이 아끼는 사슴을 죽이게 만들었어요.
결국 트로이 사람들은 어디를 가나 미움을 받았어요.
투르누스 왕과 백성은 트로이와 전쟁을 해야 한다고 주장했어요.
라티누스 왕은 싸우고 싶지 않았지만, 어쩔 수 없었어요.

시련의 끝에서 로마가 탄생했어요

투르누스 왕은 전쟁을 하기 위해 이웃 나라의 군대를 불러 모았어요. 아이네이아스도 가만히 있지 않았어요. 트로이 편에 설 군대들을 모집했지요. 또다시 전쟁이 시작되었어요. 양쪽 군대 모두 수많은 장군과 군사가 죽고 말았어요. 오랜 싸움 끝에, 마지막 전투가 벌어졌어요. 아이네이아스와 투르누스 왕의 싸움이었어요. 아이네이아스는 어머니 아프로디테가 준 갑옷을 입고 싸움에 나섰어요. 어떤 창에도 뚫리지 않는 갑옷 덕분에 아이네이아스가 승리했지요.

아이네이아스의 모험

드디어 아이네이아스는 이탈리아에 새로운 나라를 세웠어요.
아버지 말대로 새로운 아내도 맞이했지요. 신부는 라티누스 왕의 딸, 라비니아였어요. 나라의 이름은 신부의 이름을 따서 '라비니움'이라고 했어요. 그 뒤, 아이네이아스의 아들 이올로스가 알바롱가를 세웠어요. 알바롱가는 로마를 만든 로물루스와 레무스가 태어난 곳이에요.
아이네이아스는 로마 제국이 탄생할 수 있도록 기초를 닦았어요.
훗날 로마 제국은 강력한 나라가 되었답니다.

트로이 후손이 세운 로마 제국

로물루스와 레무스 형제는 트로이의 영웅 아이네이아스의 후손이에요. 그런데 형제는 불행하게도 태어나자마자, 강가에 버려졌어요. 그때 지나가던 늑대가 이 아기들을 발견했어요.
늑대는 형제에게 젖을 먹이며 정성껏 돌보아 주었어요.
씩씩하게 자란 로물루스와 레무스 형제는 힘을 합쳐 로마를 세웠어요.
'로마'라는 이름은 형 로물루스에서 따온 말이라고 전해져요.

==로마는 점점 커져 강한 나라가 되었어요. 유럽과 아프리카까지 지배했고, 아시아까지 영토를 넓히기도 했어요. 로마는 여러 나라를 지배하면서 그 나라의 훌륭한 문화를 받아들였고, 새로운 로마 문화도 만들었어요.==
로마는 강한 군대를 가지고 있었어요. 건축 기술도 뛰어났지요. 법률과 의학뿐 아니라, 나라를 다스리는 정치도 발달했어요. 이런 로마의 문화는 여러 나라에 큰 영향을 주었답니다.

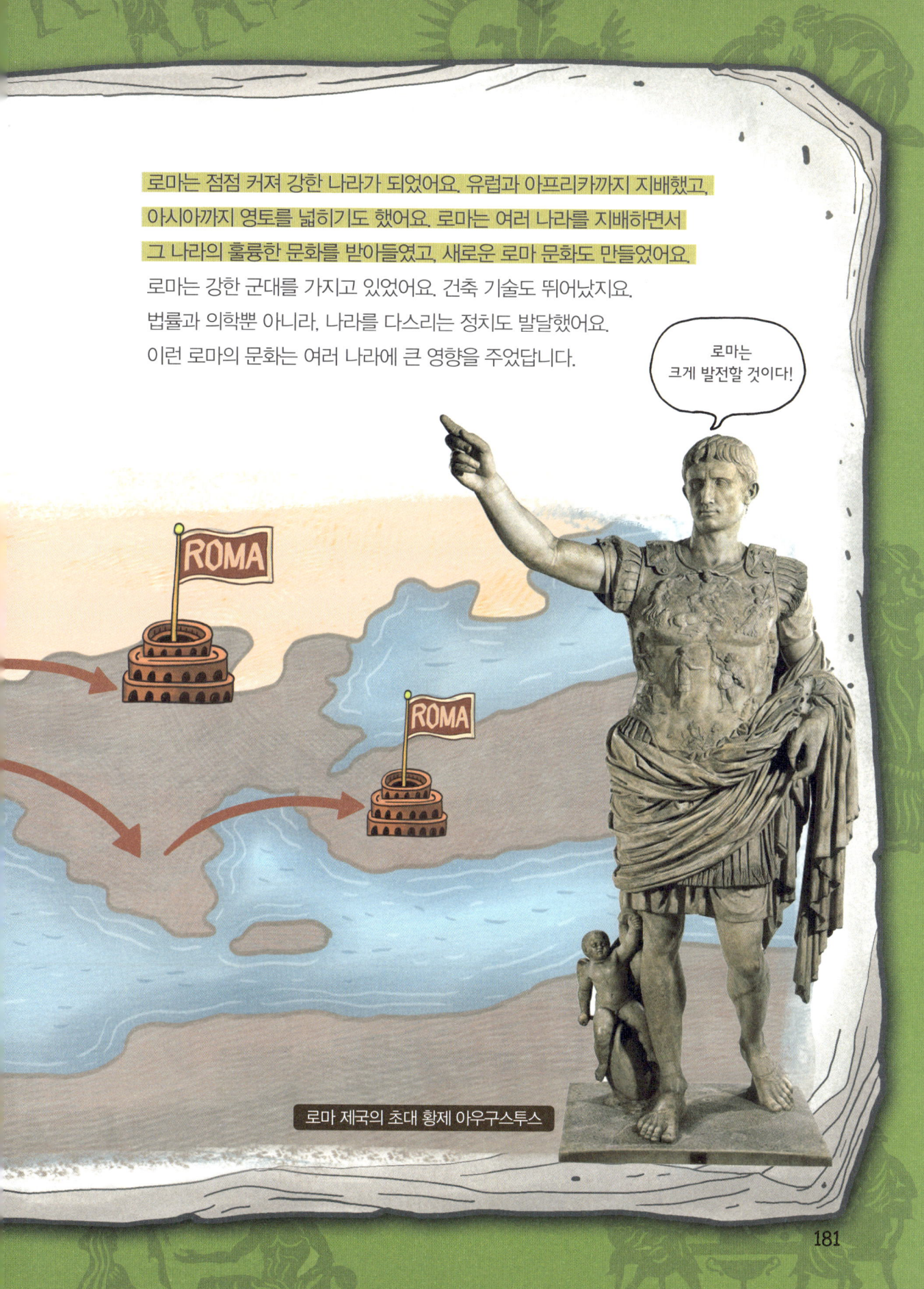

로마는 크게 발전할 것이다!

로마 제국의 초대 황제 아우구스투스

신화 놀이터

로물루스와 레무스는 태어나자마자 버려져 늑대 젖을 먹으며 자랐어요. 그런 두 형제가 로마를 세웠다니 정말 대단하지요? 쌍둥이 형제 중 로물루스의 모습 속에 다른 점 다섯 군데를 찾아보세요.

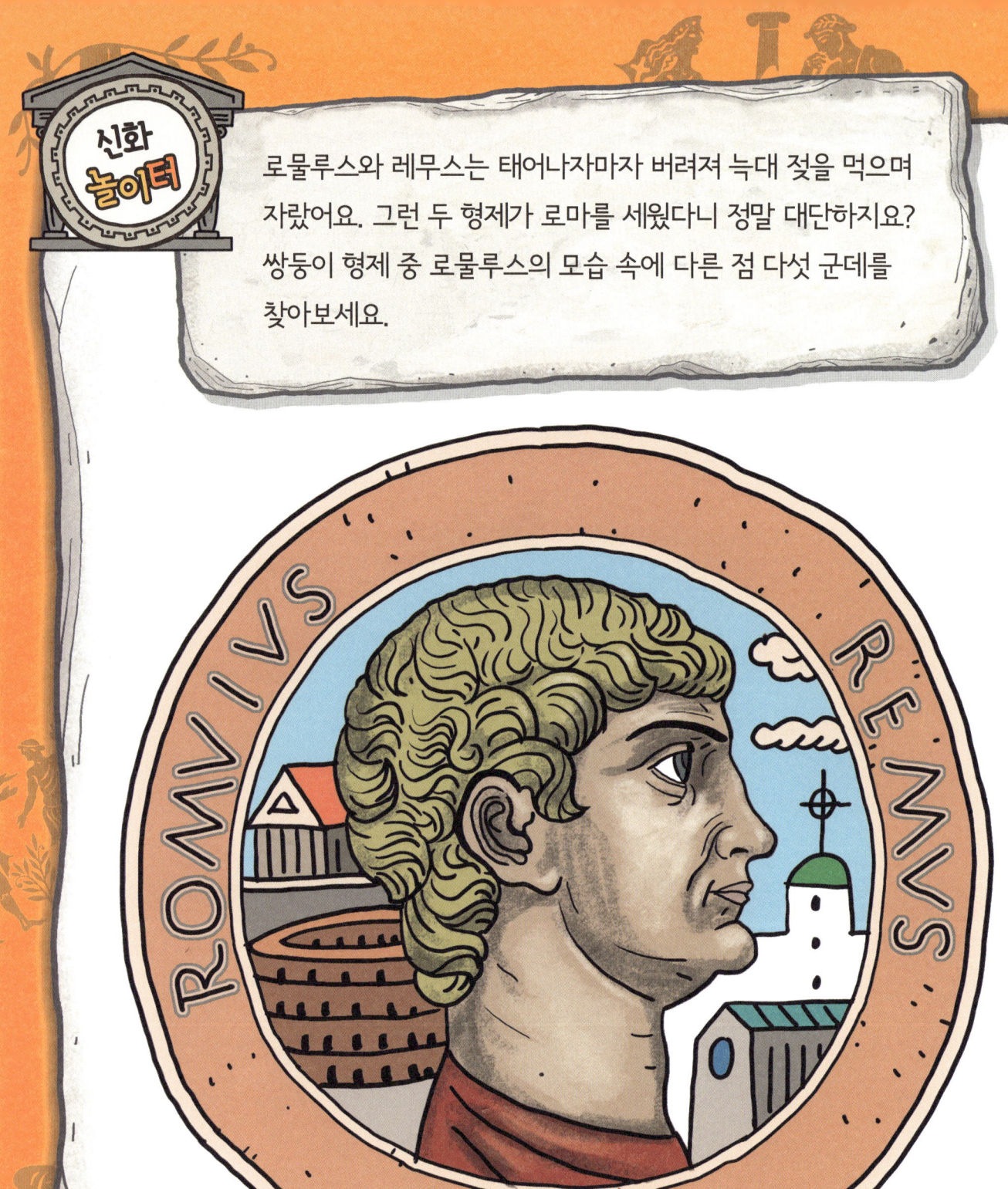

신화 놀이터 정답

▼ 52~53쪽

▼ 98~99쪽

▼ 154~155쪽

▼ 182~183쪽

〈그림으로 보는 그리스 로마 신화〉
시리즈는 모두 5권입니다.

- 1권 올림포스 시대
- 2권 신과 인간
- 3권 신들의 사랑 이야기
- 4권 영웅들의 모험
- 5권 일리아스와 오디세이아

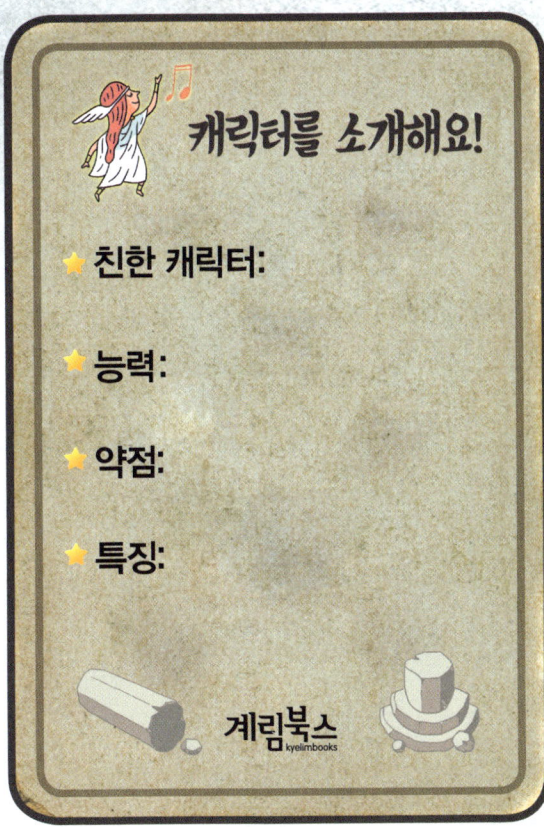

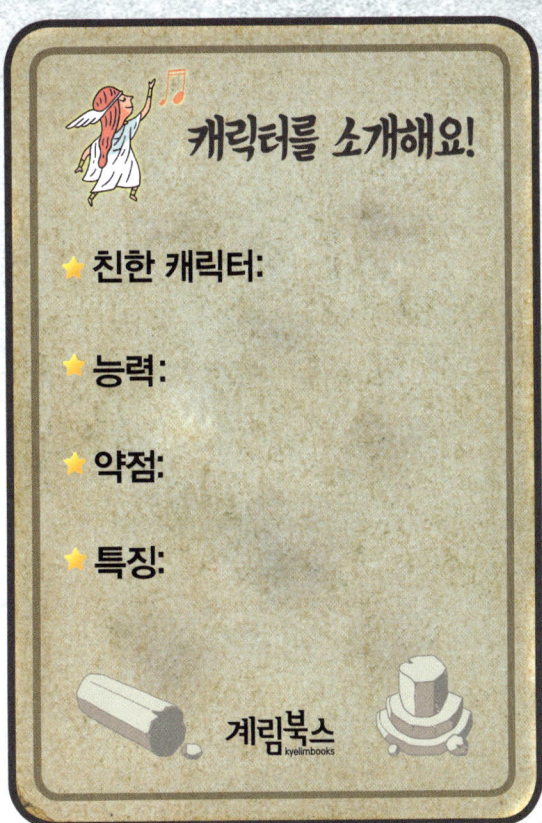

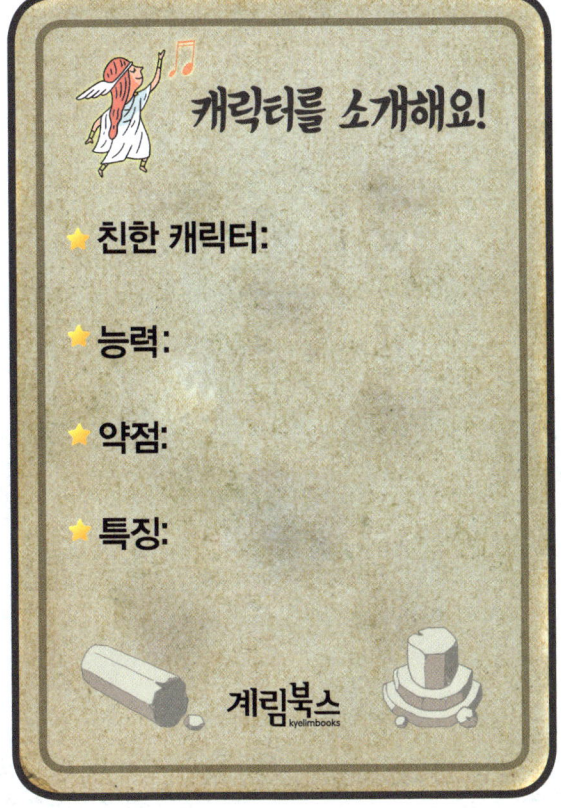

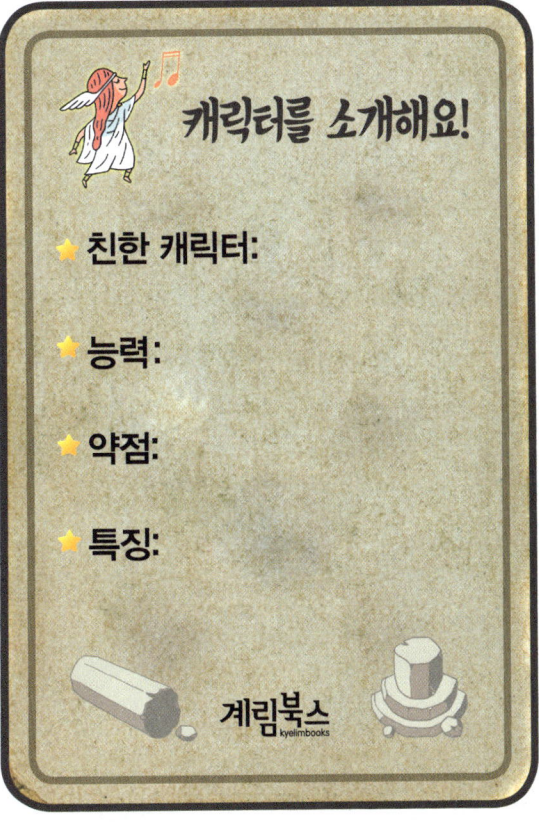

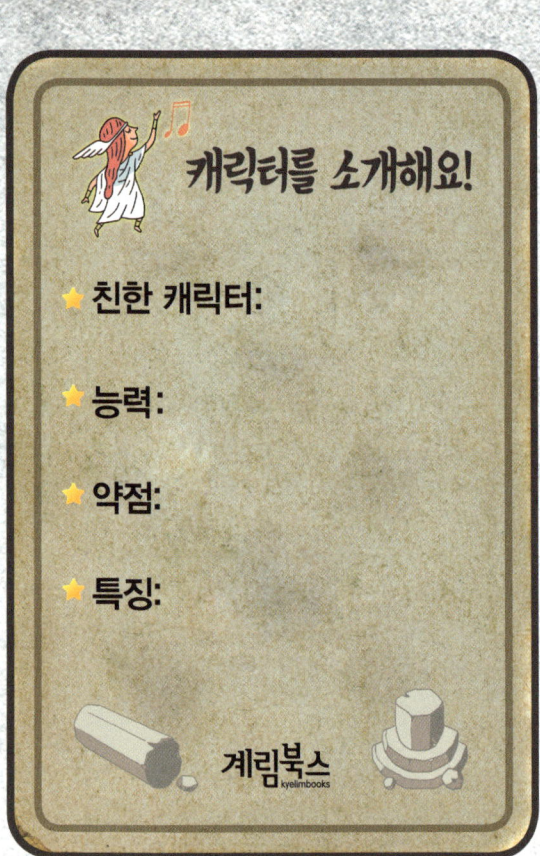

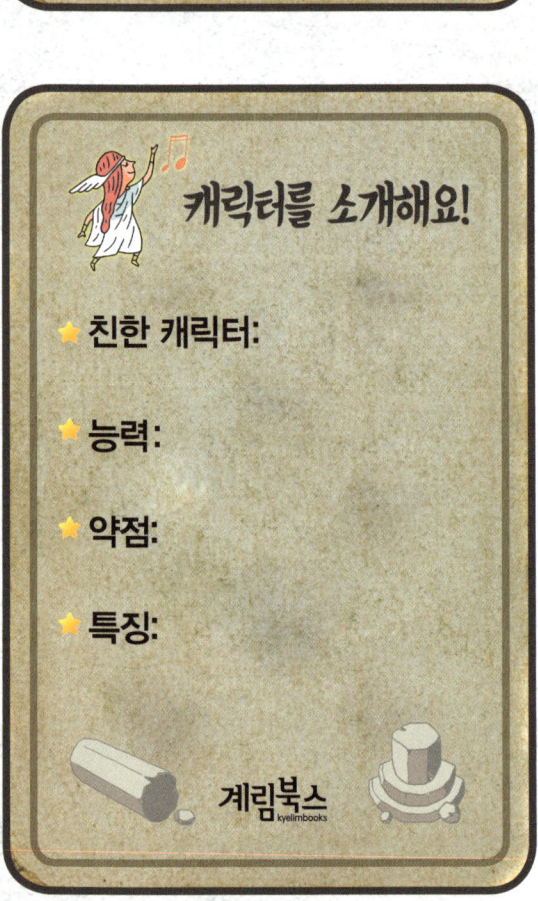

게임 방법 Ⅱ

1. 친구와 카드를 7장씩 나눠 가져요.
2. 〈그림으로 보는 그리스 로마 신화〉를 읽은 뒤, '캐릭터를 소개해요'의 빈 칸을 써요.
3. 캐릭터 그림이 안 보이게 카드를 뒤집어요. 상대방에게 각자 쓴 '캐릭터를 소개해요' 내용을 읽어 준 뒤, "어떤 캐릭터일까?" 하고 문제를 내요.
4. 상대방이 문제를 맞히면 카드를 주고, 못 맞히면 문제를 낸 사람이 갖고 있어요. 카드를 많이 이기는 사람이 이기는 게임이에요.